Gestos al infinito
-contestatarios-

Joan Martí Valls

© Joan Martí Valls

© ISBN papel: 978-84-686-7966-2

2ª edición: diciembre 2018

Editado: Bubok Publishing S.L.

En la búsqueda de lo imposible es donde el hombre ha realizado siempre lo posible; aquellos que se han limitado prudentemente a lo que les parecía posible nunca han avanzado más de un paso.
(M. Bakunin)

La cultura universal de la escuela debe tender al aprendizaje de la libertad, no de la sumisión; ser libres, he aquí el verdadero camino.
(M. Stirner)

Se puede vivir para el infinito
y satisfacerse con el infinito

Algunas personas nacen y viven obstinadas
con gestos a un infinito distinto.
Son los contestatarios

Según Pio Baroja hay siete clases de personas:

Los que no saben.
Los que no quieren saber.
Los que odian el saber.
Los que sufren por no saber.
Los que aparentan que saben.
Los que triunfan sin saber.
Los que viven gracias a que los demás no saben.

Este libro trata de los que para no sufrir, intentan saber.

ÍNDICE
GESTOS AL INFINITO
¿Qué necesita un hombre para vivir? (L.N. Tolstói)
Henry David Thoreau (escritor, filósofo y naturalista)
Ambrose Bierce (escritor)
Charles Fourier (escritor, político, utópico)
Alexandra David-Néel (viajera y escritora)
Anita Berber (bailarín y artista)
Elsa von Freytag - Baronesa Dandy (artista dadá)
Alexandre Deulofeu (pensador global)
Octave Mirbeau (periodista, escritor, crítico de arte)
Joseph Campalans (escritor, poeta, viajero)
Piotr Kropotkin (escritor revolucionario)
Unos y otros en amalgama

EL ANTIPODISTA
65 giros al Sol
Las aventuras financieras del muñeco Pinocho
Antipodistas
Pequeño recorrido por un mundo al revés
El arte de medrar (Maurice Joly)
Los políticos ventosean
Y ¿en las antípodas cómo lo ven?
La nave de los necios (Sebastián Brant)
El retorno de la hoguera de las vanidades
Epílogo en base al optimismo
En el País de Jauja
El retorno

Cuando no he tenido nada que perder, lo he tenido todo.

¿QUÉ NECESITA UN HOMBRE PARA VIVIR?

Nada puede ser más subjetivo frente a esa pregunta. Incluso hay quien considera sus "necesidades básicas" como algo relativo o superfluo. Cada individuo es distinto y sus motivaciones vienen determinadas por sus particulares pasiones. La educación, familia, entorno social, la época en que se vive y el azar que tanto papel le gusta jugar, le llevará de aquí para allá condicionando la vida. Hay quien se conforma con comer cada día varias veces, tener un techo donde cobijarse, agua corriente en su vivienda, alguien al lado para mortificar o amar y cuatro monedas para sus vicios. Otros quieren ir más lejos y necesitan algunas dosis de ocio, reclaman algo que aprender o aspiran a cierto nivel cultural. Pocos, encuentran que sus necesidades pasan básicamente por satisfacer su inquietud de aventura, descubrimiento, independencia y autonomía: son amantes de todo aquello que les hace sentirse libres. Su idea de la existencia, consiste en no formar parte del rebaño social.

De cómo se las han apañado distintos personajes inquietos en sus intentos de vivir con su propio estilo, trata este libro. Son personajes que han expresado claramente cuál era su postura frente a la sociedad que les tocaba vivir y para ello, hicieron de su vida un testimonio de vivencias y en la mayoría de los casos escogidos, lo plasmaron en escritos y textos. No todos los contestatarios pueden comunicarse; se necesita ser además, creador de algún medio por el cual dejar constancia de su inconformismo y crítica. Sirva de ejemplo, por medio del testimonio de algunos de ellos, para motivar nuestra valentía o reconocer nuestros miedos.

*

¿CUANTA TIERRA NECESITA UN HOMBRE?
Lev Nikoláievicb Tolstói (1828-1910)

«Si tuviera mi propia tierra», pensó Pajom, «no dependería de nadie y no tendría todos estos disgustos.»

Pajom se puso a averiguar dónde se podía comprar tierra a perpetuidad. Encontró a un campesino que había comprado quinientas desiatinas, pero se había arruinado y ahora vendía sus tierras a bajo precio. Pajom comenzó a negociar con él. Hablaron y hablaron y por fin llegaron al acuerdo de mil quinientos: rublos, a pagar la mitad del dinero más tarde. Ya casi habían cerrado el trato, cuando un comerciante ambulante se detuvo en casa de Pajom para dar de comer a sus caballos. Pajom y el comerciante se sentaron a tomar el té y conversaron. El comerciante le contó que venía de regreso de las lejanas tierras de los bashkiros. Allí, le contó, había comprado a los bashkiros cinco mil desiatinas de tierra. Todo por mil rublos. Pajom quiso saber más. El comerciante le contó.

- Lo que hice fue -dijo- hacerme amigo de los jefes. Les regalé túnicas y alfombras por valor de unos cien rublos, y además, té y buen vino a quienes bebían. Así compré la tierra a buen precio.

Y le enseñó a Pajom las escrituras.
- La tierra -continuó- está junto al río y la estepa es de barbecho.

Pajom le preguntó el cómo y el qué.

- Allí hay tanta tierra -añadió el comerciante-, que ni un año alcanzaría para recorrerla, y toda les pertenece a los bashkiros. Pero son bobos como borregos, así que si uno entra en tratos con ellos, puede conseguir tierra por muy poco dinero.

«Vaya», pensó Pajom, ¿para qué voy a pagar mis mil rublos para comprar aquí quinientas desiatinas de tierra contrayendo una deuda, si allá puedo conseguir más de diez veces más por los mismos mil rublos?»

Pajom averiguó cómo llegar hasta esos lugares y en cuanto se despidió del comerciante, preparó sus cosas para poder irse. Dejó la granja al cuidado de su mujer y se marchó con uno de sus trabajadores. Fueron en primer lugar a la ciudad y compraron un tsibik de té, algunos regalos y vinos, todo tal y como le había aconsejado el comerciante. Anduvieron y anduvieron y recorrieron más de quinientas verstas. Al séptimo día llegaron al campamento bashkir. Todo era como lo había descrito el comerciante. La gente vivía en la estepa, a la orilla del río, en tiendas cubiertas de fieltro. No araban ni comían pan. El ganado y los caballos, en manadas, andaban sueltos por la estepa. Los potros estaban atados detrás de las tiendas y dos veces al día les llevaban a las yeguas madres, Ordeñaban a las yeguas y hacían kumis con su leche. Las mujeres removían el kumis y hacían queso; a los hombres les gustaba tomar té, comer carne de cordero y hacer sonar sus caramillos. Todos eran amables, alegres, y se pasaban el verano de fiesta. Era un pueblo completamente ignorante, no sabían hablar ruso, pero eran cordiales.

En cuanto vieron a Pajom, los bashkiros salieron de sus tiendas y rodearon al forastero. Apareció un intérprete. Pajom les dijo que había ido por el asunto de la tierra. Los bashkiros se alegraron, condujeron a Pajom a una de las mejores tiendas, donde lo hicieron acomodarse en unos cojines de plumas colocados encima de una alfombra y se sentaron a su alrededor. Le dieron té y kumis, sacrificaron un cordero y le ofrecieron su carne. Pajom sacó del carruaje los regalos y comenzó a repartirlos entre los bashkiros. Les dio todos los presentes y repartió el té. Los bashkiros se alegraron. Cuchichearon y cuchichearon entre ellos y luego le ordenaron al intérprete que tradujera.

- Me mandan decirte -dijo el intérprete- que te han tomado cariño y que aquí tenemos la costumbre de hacer todo lo posible por complacer a nuestros huéspedes y recompensarlos por los regalos que nos han traído. Tú nos has hecho regalos; dinos ahora, ¿qué de lo nuestro te agrada, qué podemos ofrecerte? -De lo vuestro, lo que más me agrada -dijo Pajom- es la tierra. Nuestras tierras están atestadas y, además, han sido aradas muchas veces, están agotadas; vosotros, en cambio, tenéis mucha tierra, y la tierra es buena. Nunca había visto nada semejante.

El intérprete tradujo. Los bashkiros hablaron y hablaron entre ellos un buen rato. Pajom no entendía qué decían, pero veía que estaban regocijados, que gritaban y se reían mucho. Después callaron y observaron a Pajom. El intérprete dijo:
- Me ordenan que te diga que para recompensarte por los regalos que les has traído, te darán toda la tierra que quieras.

Sólo tienes que señalarla con la mano y será tuya.

Una vez más, los bashkiros hablaron entre ellos y por alguna razón se pusieron a discutir. Pajom preguntó cuál era el motivo de la disputa. El intérprete le respondió:
- Algunos piensan que sería mejor consultar con el jefe la cuestión de la tierra, y no actuar en su ausencia. Otros, en cambio, opinan que no hace falta esperar a que regrese.

Mientras los bashkiros discutían, llegó un hombre con una gorra de piel de zorro. Todos guardaron silencio y se pusieron de pie. El intérprete dijo:
- Es nuestro jefe en persona.

Pajom sacó de inmediato la mejor túnica y se la ofreció al jefe, junto con cinco libras de té. El jefe aceptó los regalos y ocupó el sitio principal. Los bashkiros se apresuraron a decirle algo. El jefe los escuchó durante un rato; luego hizo un movimiento con la cabeza para que callaran y se dirigió a Pajom en ruso.
- De acuerdo -le dijo-. Escoge la tierra que te guste. Hay mucha.

¿Cómo voy a coger todo lo que me guste?, pensó Pajom. De alguna manera tendré que asegurarla. De lo contrario, ahora pueden decirme que la tierra es mía y luego quitármela.
- Le agradezco -dijo- sus generosas palabras. Ustedes tienen muchas tierras y yo sólo necesito una poca. Pero me gustaría saber qué tierra será la mía. ¿Habría alguna manera de medirla y ponerla a mi nombre? La vida y la muerte están en manos de Dios. Ustedes, gente buena, ahora me la dan, pero, llegado el momento, quizá sus hijos quieran quitármela.

- Tienes toda la razón -respondió el jefe-, la pondremos a tu nombre. Pajom continuó:
- He oído decir que estuvo por aquí un comerciante y que ustedes le regalaron un poco de tierra e hicieron una escritura; a mí me gustaría que hicieran lo mismo conmigo.

El jefe lo entendió.

- De acuerdo -dijo-. Tenemos un escribiente, iremos a la ciudad y pondremos todos los sellos que hagan falta. -¿Y cuál será el precio?
- Nuestro precio es siempre el mismo: mil rublos por día.

Pajom no comprendió.

- ¿Por día? ¿Qué clase de medida es ésa? ¿Cuántas desiatinas hay en un día?
- Eso es algo que nosotros no podemos calcular -dijo-. Vendemos la tierra por días; lo que puedas recorrer en un día será tuyo y el precio es de mil rublos.

Pajom se sorprendió.

- Pero en un día se puede recorrer mucha tierra -dijo.

El jefe se echó a reír.

- ¡Toda será tuya! -dijo-. Pero hay una condición: si antes de que se acabe el día no has vuelto al lugar de donde saliste, habrás perdido tu dinero.
- ¿Y cómo señalaré los lugares por donde he pasado?
- Iremos al sitio que tú elijas; nosotros nos quedaremos en ese lugar y tú te irás a hacer el círculo llevando contigo una pala. Siempre que te parezca necesario, harás una marca. Cavarás un hoyo cada vez que vayas a girar y pondrás al lado un montón de hierba; nosotros después pasaremos un arado de agujero en agujero. Puedes hacer el círculo tan grande

como quieras, pero antes de la puesta del sol deberás volver al lugar del que saliste. Todo lo que recorras será tuyo.

Pajom se alegró. Decidieron salir temprano a la mañana siguiente. Conversaron, bebieron un poco más y comieron carne de cordero, tomaron más té y llegó la noche. Los bashkiros dieron a Pajom un edredón de plumas para que durmiera y se dispersaron por sus tiendas. Prometieron volver a reunirse antes del amanecer para llegar al punto de partida antes de la salida del sol.

Pajom se acostó en el edredón, pero no podía dormir. No lograba dejar de pensar en la tierra. Conseguiré, pensaba, una gran extensión. Durante el día podré recorrer unas cincuenta verstas. Ahora los días son largos; ¡cuánta tierra será mía si recorro cincuenta verstas! La de menor calidad la venderé o la arrendaré a los campesinos, y la mejor me la quedaré yo y me estableceré en ella. Compraré dos arados con bueyes y contrataré otros dos trabajadores; labraré unas cincuenta desiatinas y lo demás lo dejaré para que paste el ganado. Pajom estuvo despierto toda la noche. Sólo un momento antes del amanecer se adormiló. Acababa de quedarse dormido cuando tuvo un sueño: se vio acostado en esa misma tienda y oyó a alguien fuera reírse a carcajadas. Quiso ver quién era, se levantó, salió, y vio al jefe bashkir sentado enfrente de la tienda, sujetándose la barriga con las dos manos y desternillándose de risa. Pajom se acercó al jefe y le preguntó: ¿De qué te ríes? Pero en ese momento vio que ya no era el jefe, ahora era el comerciante que poco tiempo atrás había pasado por su casa y le había hablado de la tierra.

Apenas le había preguntado: ¿Hace mucho que estás aquí?, cuando vio que ya no era el comerciante, ahora era el campesino que tiempo atrás había subido desde el Volga a la antigua casa de Pajom. Luego vio que ya no era el campesino, sino el diablo en persona, con cuernos y cascos, el que estaba sentado y se reía; frente a él yacía un hombre descalzo, llevaba puestos sólo una camisa y unos pantalones. Pajom soñó que se acercaba para ver quién era el hombre, y en eso se daba cuenta de que el hombre estaba muerto, y de que el hombre muerto era él.
Pajom, aterrado, se despertó. Qué cosas sueña uno, pensó. Miró alrededor y por la puerta abierta vio que comenzaba a amanecer. Hay que despertar a la gente, pensó, es hora de ponernos en camino.

Se levantó, despertó al trabajador que había ido con él y que estaba durmiendo en su carreta, le ordenó enganchar los caballos y fue a despertar a los bashkiros.
- Es hora de ir a la estepa a medir la tierra -les dijo.

Se levantaron y formaron un grupo; llegó el jefe y comenzaron de nuevo a beber kumis; le ofrecieron una taza de té a Pajom, pero éste no quiso perder tiempo.
- Si hay que ir, vamos de una vez -dijo; ya es hora.

Los bashkiros se prepararon y, unos a caballo y otros en carretas, se pusieron en marcha. Pajom y el trabajador que lo acompañaba iban en su carreta y llevaban consigo una pala. Cuando llegaron a la estepa, la aurora estaba despuntando. Subieron a un cerro, bajaron de las carretas y de los caballos, y formaron un grupo. El jefe se acercó a Pajom y extendiendo los brazos hacia la llanura, dijo:

- Ahí la tienes, todo lo que tus ojos alcanzan a ver es nuestro. Escoge lo que quieras.

Los ojos de Pajom se encendieron: toda la tierra era de barbecho, regular como la palma de la mano, negra como la semilla de amapola, y donde había algún pequeño valle, la hierba era de diversos tipos y crecía hasta la altura del pecho. El jefe se quitó la gorra de zorro y la colocó sobre la tierra.

- Ésta será la señal. Parte de aquí y vuelve a este mismo sitio. Todo lo que hayas abarcado será tuyo.

Pajom sacó el dinero, lo puso en la gorra, se quitó el caftán y se ciñó más estrechamente la faja por debajo del estómago, se enderezó, se metió en el pecho una bolsita con pan, ató una cantimplora con agua a su faja, estiró la parte de arriba de sus botas, cogió la pala que sostenía su trabajador y se preparó para salir. Durante unos momentos dudó sobre qué dirección tomar: todo era tentador. Es lo mismo, pensó me dirigiré hacia la salida del sol. Se puso de cara al sol, se estiró y esperó a que éste apareciera en el horizonte. No debo perder tiempo, pensó. Es más fácil caminar mientras aún no hace calor. En cuanto apareció el sol, Pajom se echó la pala al hombro y se dirigió hacia la estepa.

Al principio no caminaba ni muy rápida ni muy lentamente. Cuando ya había andado una versta se detuvo, cavó un agujero y colocó un montón de hierba para que se viera con mayor facilidad. Siguió adelante. Ahora su cuerpo se encontraba más suelto, así que apresuró el paso. Se alejó un poco más y cavó otro agujero. Pajom miró hacia atrás. El cerro se distinguía claramente a la luz del sol; allí estaba la gente y las ruedas de las carretas brillaban. Pajom calculó que había recorrido unas cinco verstas. Comenzó a sentirse acalorado, se quitó la podiovka, se la echó al hombro y siguió adelante. Se alejó unas cinco verstas más. Hacía calor. Miró hacia el sol y se dio cuenta de que era hora de desayunar.

Ha pasado la primera tanda, pero un día tiene cuatro y todavía es temprano para cambiar de dirección. Lo que voy a hacer es descalzarme, se dijo a sí mismo. Se sentó, se descalzó, colgó las botas de su cinturón y siguió adelante. Ahora caminaba con facilidad. Recorreré unas cinco verstas más y entonces giraré a la izquierda, pensó. Es un lugar muy bueno, sería una lástima perderlo. Cuanto más me alejo, mejor parece ser la tierra. Siguió caminando en línea recta, y cuando miró hacia atrás, el cerro apenas se distinguía, las personas parecían hormigas y él sólo veía algo que brillaba al sol. Bueno, pensó Pajom, por este lado ya he abarcado suficiente; ha llegado el momento de girar. Además estoy empapado en sudor y tengo mucha sed. Se detuvo y cavó un agujero grande, puso las señales de hierba, desató su cantimplora, sació la sed y giró completamente a la izquierda. Caminó y caminó; la hierba ahora era alta y hacía ya mucho calor. Pajom comenzó a sentirse cansado; miró el sol y vio que era la hora de la comida. Bueno, me tomaré un descanso. Detuvo, pues, su marcha y se sentó. Comió un poco de pan y bebió un poco de agua, pero no quiso acostarse: pensaba que si se acostaba se quedaría dormido. Se quedó un rato sentado y luego volvió a emprender el camino. Al principio andaba sin dificultad. Con la comida había repuesto fuerzas. Pero hacía muchísimo calor y se sentía soñoliento; sin embargo, siguió caminando. Pensaba: Aguantar ahora una hora y vivir después un siglo. Caminó mucho también en esta dirección, y estaba a punto de girar nuevamente a la izquierda, cuando descubrió una pequeña llanura virgen. Sería una lástima dejarla; el lino crecerá muy bien aquí. Así que continuó en línea recta. Abarcó toda la llanura, cavó un agujero al final y sólo entonces giró por segunda vez. Pajom miró hacia el cerro: el calor hacía ver borroso y a través de la calina apenas se veía a la gente en el cerro: debían de estar a unas quince verstas. Vaya, he hecho estos dos lados demasiado largos; el próximo debo hacerlo más corto. Se encaminó por el tercer lado y comenzó a acelerar el paso. Miró hacia el sol y vio que la hora de la merienda se acercaba y él apenas había recorrido unas dos verstas por este tercer costado. Le quedaban unas quince verstas hasta la meta. No, aunque la finca quede torcida, a partir de ahora debo apresurarme a volver en línea recta. Para qué abarcar más de lo necesario. Ya así tengo mucha tierra.

Pajom se apresuró a cavar el agujero y tomó, resueltamente, la dirección del cerro. Iba resuelto hacia el cerro, pero ahora le costaba trabajo caminar. Estaba empapado en sudor, se había hecho daño y cortes en los pies descalzos; las piernas comenzaban a fallarle, quería descansar pero era imposible si pretendía llegar antes del ocaso. El sol no espera, y cada vez estaba más bajo. Ah! si no hubiera querido abarcar tanto. ¿Y si no llego a tiempo? Miró hacia el cerro; luego miró al sol: todavía le faltaba mucho para llegar a la meta y el sol ya estaba cerca del horizonte. Pajom siguió andando, le costaba mucho caminar, pero cada vez apresuraba más el paso. Caminaba y caminaba y el cerro seguía estando lejos; echó a correr. Arrojó la podiovka, las botas, la cantimplora y la gorra; conservó únicamente la pala para apoyarse en ella. He querido abarcar demasiado y lo he echado todo a perder; no llegaré antes del ocaso. El miedo le dificultó aún más la respiración. Pajom siguió corriendo, la camisa y los pantalones se le pegaban al cuerpo a causa del sudor, tenía la boca seca. El pecho traba-jaba como el fuelle de un herrero, el corazón golpeaba como un martillo, las piernas le parecían ajenas, se doblaban. Pajom sintió terror y pensó: Ojalá no me muera por el esfuerzo. Tenía miedo de morir, pero no podía detenerse. He corrido ya tanto, pensó, que si ahora me detengo dirán que soy un tonto. Así que corrió y corrió y se acercó tanto que oía a los bashkiros dar alaridos y dirigir sus gritos hacia él, y aquellos gritos hacían que el corazón se le inflamara aún más. Pajom corría con sus últimas fuerzas.

El sol, ya muy cerca del horizonte, se adentró en la niebla y se volvió grande, rojo, sangriento. Estaba a punto de ocultarse. Le faltaba ya muy poco; también faltaba poco para la meta. Pajom ya veía a la gente en el cerro agitando los brazos, animándolo a darse prisa. Vio la gorra de piel de zorro en la tierra y el dinero que estaba en ella; también vio al jefe, sentado en el suelo, sujetándose la barriga con las dos manos. Pajom se acordó de su sueño. Hay mucha tierra, pero ¿me permitirá Dios vivir en ella? ¡He echado a perder mi vida! ¡Jamás alcanzaré la meta! Pajom echó un vistazo al sol,

que ya tocaba la tierra; un extremo había comenzado a ocultarse. Aceleró con sus últimas fuerzas, echó el cuerpo hacia delante; las piernas a duras penas, tenían tiempo de colocarse en su sitio para impedir que cayera. En cuanto Pajom llegó al cerro, comenzó a oscurecer. Miró hacia el horizonte y vio que el sol se había ocultado. Lanzó un grito. ¡Todo mi esfuerzo ha sido inútil!, pensó, y estuvo a punto de detenerse, pero oyó que los bashkiros seguían aullando; entonces recordó que, aunque para él, desde abajo, el sol ya se había puesto, los que estaban en el cerro todavía lo veían. Pajom tomó aliento y corrió hacia la cima. En el cerro todavía estaba claro. Pajom llegó corriendo y vio la gorra. Frente a la gorra estaba sentado el jefe, se reía a carcajadas, sujetándose la barriga con las manos. Pajom recordó nuevamente su sueño y dejó escapar un gemido; las piernas se le doblaron, cayó hacia delante y rozó la gorra con las manos.
- ¡Bravo! -gritó el jefe-. ¡Has ganado mucha tierra!

El trabajador de Pajom se acercó, quiso levantarlo, y en ese momento vio que le salía sangre por la boca. Pajom estaba muerto. Los bashkiros chasquearon la lengua y lo compadecieron. El trabajador recogió la pala, cavó una tumba lo suficientemente grande para que Pajom cupiera, y lo enterró. Dos metros de la cabeza a los pies. Eso era todo lo que necesitaba.

*

Evidentemente sólo necesitamos un par de metros cuadrados de terreno para descansar en el sueño eterno, algo más de espacio vital para habitar, y sobretodo, dignidad y libertad para saber aprovechar la vida y discernir lo que hay dentro de nosotros. Pero hay quien no lo considera suficiente y tiene necesidad de sentir el infinito en sus manos. No es codicia; son los valientes, los originales, los inquietos, aquellos que la ruptura la convierten en aventura. El mundo los considera marginales pero en buena medida, han sido y serán un motor importante de la historia de la humanidad.

"No pretendamos que las cosas cambien, si siempre hacemos lo mismo. La crisis es la mejor bendición que puede sucederle a personas y países, porque la crisis trae progresos. La creatividad nace de la angustia, como el día nace de la noche oscura. Es en la crisis que nace la incentiva, los descubrimientos y las grandes estrategias. Quien supera la crisis, se supera a sí mismo.
La verdadera crisis es la crisis de la incompetencia. Sin crisis no hay desafíos, sin desafíos la vida es una rutina, una lenta agonía. Sin crisis no hay mérito y es en la crisis donde aflora lo mejor de cada uno, porque sin crisis todo viento es caricia".

(Albert Einstein)   1879-1955

*

"Llega un momento en que es necesario abandonar las ropas usadas que ya tienen la forma de nuestro cuerpo y olvidar los caminos que nos llevan siempre a los mismos lugares. Es el momento de la travesía. Si no osamos emprenderla con valentía, nos habremos quedado para siempre al margen de nosotros mismos".

(Fernando Pessoa)

*

Algunas veces, la opción de vivir
sé verla al revés.
Palíndroma posibilidad.

Hay rincones de mi interior donde siempre crece el silencio.

HENRY DAVID THOREAU   (1817-1862)

Descendiente de inmigrantes franceses, nace el 12 de julio de 1817 Henry David Thoreau en Concord, Massachusetts; la ciudad que fue el sitio de las primeras batallas de la guerra de independencia de los Estados Unidos. A los dieciséis años, Henry David ingresa a la Universidad de Harvard. Después de acabar sus estudios de Artes, regresa en agosto de 1837 a su pueblo natal, en donde al mes siguiente inicia su labor de maestro, por cierto muy revolucionaria y en consecuencia cortísima ya que pensaba *ser compañero de sus alumnos... y abolir los castigos corporales*; teoría pedagógica inadmisible para aquellos años y para los miembros del consejo de la escuela pública de Concord.

Sin embargo al año siguiente, en 1838, con su hermano John abren una escuela privada en donde desarrollan sus propios métodos de enseñanza basados en el estudio directo de la naturaleza y evidentemente omitiendo los castigos corporales, algo así como la antesala de las escuelas racionalistas. Pero a pesar del éxito de la escuela y de sus métodos, Thoreau la abandona después de trabajar en ella durante dos años como maestro de matemáticas, griego y latín. Pocos años antes, se había instalado en Concord Ralf Waldo Emerson, quien influiría en la formación intelectual de Thoreau a través del Club Trascendentalista, que constituyó el punto de partida del movimiento filosófico-literario que se extendió entre 1830 y 1860 en Estados Unidos y que fue la más alta expresión del idealismo romántico: panteísta, individualista y democrático en su rechazo al conformismo social, al formalismo en la religión y al autoritarismo en la política.

Después de vivir algún tiempo en casa de la familia Emerson y de permanecer luego en Nueva York, regresa a su casa dedicándose a ayudar a su padre en la fabricación de lápices; trabajo fructífero ya que Henry David descubriría un peculiar proceso que permitió elaborar grafito de gran calidad, lo que daría a conocer en el mercado a los lápices de los Thoreau como los mejores. A raíz de este éxito industrial sufre un auge económico y percatándose de que esta bonanza podía distraerle del camino que se había trazado, abandonó esta actividad y cualquiera que pudiera sujetarle a la rutina.

Dijo de él Ralf Waldo Emerson:
No fue hecho para enajenarse.
Nunca se casó, vivió solo.
Nunca fue a la iglesia.
Nunca votó, rehusó pagar impuestos al Estado.
No comió carne, ni bebió vino, ni fumó.
Y aunque fue naturalista, jamás utilizó una trampa o un fusil.
Escogió para sí, ser amante del pensamiento y de la naturaleza...

Finalmente en 1845, en un terreno propiedad de Emerson construye su cabaña en la ribera del Estanque Walden en donde viviría durante dos años de acuerdo a sus propias normas: *¡Simplificad, simplificad!* Una vida sencilla y espartana en comunión con la naturaleza y sin lujo superfluo. Allí escribiría su bellísimo *Walden o la vida en los bosques*, el cual fue publicado en mayo de 1849, o sea tres años después de haber pasado una noche en la cárcel de su pueblo natal por rehusar pagar el impuesto personal, ya que se oponía tanto a la guerra que los Estados Unidos habían declarado a México en 1846, así como al esclavismo. Es importante agregar que su acentuado odio hacia la esclavitud le llevó a participar activamente en el funcionamiento del llamado *tren subterráneo* por medio del cual se transportaba a los esclavos hacia su libertad: el Canadá.

Durante la década de 1850 su vida está basada en la búsqueda de medios de subsistencia sin que por ello tenga que complicarse la existencia. Así, trabaja como deslindador de terrenos (una especie de topógrafo) en Concord; actividad que le permite estar en contacto con la naturaleza, escribir, meditar y viajar. A finales de 1860, Thoreau tuvo que guardar cama, enfermó de bronquitis y de algo más grave; después del invierno, se levantó débil decidiendo ir a Minnesota donde pensaba erróneamente que su estado de salud podría mejorar. Pero cuando regresó estaba aún más débil, hasta que poco a poco sus fuerzas le abandonaron y por la mañana del 6 de mayo de 1862 cerró para siempre sus ojos a la naturaleza que tanto amó y tanto disfrutó.

Thoreau se sitúa en el campo del liberalismo radical; de aquí su apasionado individualismo racional y su negación a la existencia de un poder capaz de someter al individuo. Los guiños a un anarquismo filosófico son constantes en su obra, visos que bien podrían interpretarse como los puntos básicos de evolución del liberalismo hacia el anarquismo. Plantea el derecho a la revolución, a una revolución pacífica que se iniciaría con la negación al pago de impuestos por parte de la población. Esto, teóricamente, supondría la limitación de recursos al gobierno norteamericano en su agresiva guerra contra México. Resulta lógico que el pueblo norteamericano o por lo menos su abrumadora mayoría, no hizo caso de tal consejo. Este resultado seguramente era previsto por Thoreau, quizá por esta razón se preguntaba y respondía: *¿Cuántos hombres hay por cada mil millas cuadradas en este país?*

Difícilmente uno. Se trata de un ensayo terriblemente crítico y corrosivo. El discurso en pro de la subversión es evidente y directo. Rápidamente llega al punto culminante:

"En verdad, declaro en silencio la guerra al Estado a mi manera, aunque siempre haré el uso y conseguiré la ventaja que de él pueda".

Así, la actitud de Thoreau es desafiante. A él no le importan las mayorías ni las minorías; le importa la labor del hombre consecuente con su individualidad. *Porque* -como muy acertadamente señala- *no importa lo pequeño que parezca el comienzo: lo que se hace bien una vez, está hecho para siempre.*

(Chantal López y Omar Cortés)

*

> *"El gobierno de una sociedad, consiste en la habilidad de hacer reinar a la opinión pública".*

Y la opinión pública, también llamada influencia mediática, con frecuencia es la más viciosa, corrupta, falsa y mentirosa de las rameras.

DESOBEDIENCIA CIVIL
(Una propuesta de Henry David Thoreau)

Acepto plenamente la afirmación: **el mejor gobierno es el que menos gobierna,** y quisiera verlo actuar en este sentido más rápida y sistemáticamente. La frase equivale en última instancia a esto en lo que también creo: **el mejor gobierno es el que no gobierna en absoluto,** y cuando los hombres estén preparados para él, éste será el tipo de gobierno que todos tendrán. El gobierno es, bajo óptimas condiciones nada más que un recurso, pero la mayoría de los gobiernos suelen ser, y a veces todos los gobiernos son inoportunos. Las objeciones que han sido planteadas contra la existencia de un ejército regular, son muchas y de peso. Finalmente éstas pueden también aplicarse a un gobierno establecido. El ejército regular no es más que un tentáculo del gobierno establecido. El mismo gobierno, que sólo es el medio escogido por el pueblo para ejecutar su voluntad, está igualmente sujeto a sufrir abusos y corrupción antes de que el pueblo llegue a actuar a través de él.

¿Qué es este gobierno si no una tradición, que se propone transmitirse a sí misma intacta a la posteridad, pero que a cada instante pierde parte de su integridad? No tiene la vitalidad ni la fuerza de un sólo hombre viviente, ya que un sólo hombre puede doblegarlo a su voluntad. Pero no por esto es menos necesario ya que el pueblo debe tener algún aparato complicado, o lo que fuere, y escuchar el ruido que produce para satisfacer la idea que tiene de gobierno. Así, los gobiernos demuestran cuán exitosamente se les puede imponer a los hombres y, los hombres a su vez, imponerse a sí mismos para su propio beneficio. Debemos admitirlo. Sin embargo este gobierno nunca fomentó por sí mismo ninguna empresa que no fuera el empeño con que se apartó de su camino.

Pero para hablar de manera práctica y como ciudadano, a diferencia de quienes se autoproclaman partidarios del no gobierno, no pido inmediatamente que no haya gobierno, sino *inmediatamente* un gobierno mejor. Dejemos que todo hombre dé a conocer qué tipo de gobierno merecería su respeto y esto sería un paso para obtenerlo. A fin de cuentas, una vez que el poder está en manos del pueblo, la razón práctica por la cual se permite que una mayoría mande, y por mucho tiempo, no es porque ésta tienda más a estar en lo correcto ni porque esto parezca más justo a la minoría, sino porque físicamente es más fuerte. Pero un gobierno donde la mayoría manda en todos los casos, no puede basarse en la justicia ni siquiera hasta donde los hombres la comprendan. ¿No puede haber un gobierno en el que las mayorías decidan virtualmente según su con-ciencia y no en relación a *lo correcto e incorrecto?* o ¿en el que las mayorías decidan únicamente sobre aquellas cuestiones a las cuales es aplicable la regla de la conveniencia? **¿Debe el ciudadano renunciar a su conciencia, siquiera por un momento o en el menor grado a favor del legislador? ¿Entonces porque el hombre tiene conciencia? Debemos primero ser hombres y luego súbditos.** No es deseable cultivar tanto respeto por la ley como por lo correcto. La única obligación que tengo derecho de asumir es la de hacer en todo momento lo que creo correcto. Se ha dicho con bastante verdad que una corporación no tiene conciencia, pero una corporación de hombres conscientes es una corporación *con* conciencia. **La ley jamás hizo a los hombres ni un ápice más justo; además, gracias a su respeto por ella hasta los más generosos son convertidos día a día en agentes de injusticia.** Un resultado común y natural del indebido respeto por la ley es que se puede ver una fila de soldados: coronel, capitán, cabo, soldados, dinamiteros y todo, marchar en admirable orden cruzando montes y valles hacia las guerras, contra su voluntad, sí, contra su propio sentido común y su conciencia, lo que convierte esto, de veras, en una ardua marcha de corazones palpitantes. No abrigan la menor duda de que están desempeñando una ocupación detestable teniendo todos inclinaciones pacíficas. Ahora bien, ¿qué son? ¿Son acaso hombres? ¿O son pequeños fuertes y polvorines portátiles al servicio de algún inescrupuloso hombre en el poder?

La masa de hombres sirve al Estado así: no como hombres principalmente sino como máquinas, con sus

34

cuerpos. Son el ejército y la milicia, los carceleros, los guardias civiles, la fuerza pública, etc. En la mayoría de los casos no hay libre ejercicio, ni de juicio ni de sentido moral, sino que se colocan en el mismo plano que la madera, la tierra y las piedras; y quizá se pudieran fabricar hombres de madera que sirviesen tan bien a ese fin. Esto no merece más respeto que el que merece un puñado de inmundicia. Sin embargo a gente como ésta se les tiene comúnmente como buenos ciudadanos. Otros -como la mayoría de los legisladores, políticos, abogados, ministros y funcionarios- sirven al Estado principalmente con la cabeza, y así como raras veces hacen una distinción moral, se prestan, sin proponérselo, a servir tanto al demonio como a dios. Muy pocos -como héroes, patriotas, mártires, reformadores en amplio sentido, y hombres- sirven al Estado también con su conciencia, por lo tanto necesariamente en su mayor parte le resisten, y comúnmente el Estado los trata como enemigos.

Soy de cuna demasiado noble para ser reducido a propiedad. Para ser un subalterno sometido a tutela, un útil servidor y un instrumento de no importa que Estado soberano en el mundo.

(La vida y la muerte del rey Juan - W. Shakespeare).

Aquel que se entrega totalmente a sus semejantes resulta inútil y egoísta para ellos; pero quien se les entrega parcialmente es llamado benefactor y filántropo.

Paley William *(1743-1805)*. *Teólogo y filósofo inglés,* reconocida autoridad en cuestiones morales, en su capítulo sobre el *deber de sumisión al gobierno civil,* reduce toda obligación civil a un mero recurso; y prosigue para decir que *mientras el interés de la sociedad en conjunto la requiera, esto es, mientras al gobierno establecido no se le pueda resistir ni modificar sin contrariedad pública, es voluntad de dios... que se obedezca al gobierno establecido, y nada más. Admitiendo este principio, la justicia de cada caso particular de resistencia queda reducida a la computación de la cantidad de peligro y agravio por una parte, y de la probabilidad y costo de compensación por la otra.*

Acerca de esto, dice, cada hombre debe juzgar por sí mismo. Pero Paley no parece haber contemplado nunca aquellos casos a los cuales la regla del recurso no se aplica, en donde tanto un pueblo como un individuo deben hacer justicia a cualquier precio. Si le he arrebatado injustamente su tabla a un náufrago, debo devolvérsela aunque me ahogue. Esto, según Paley, sería inconveniente. Pero quien salve su vida en un caso así, se perderá moralmente. El pueblo tiene que cesar de tener esclavos y de hacer la guerra, aunque le cueste su existencia como pueblo.

No lucho contra enemigos distantes sino contra aquellos que cerca de nosotros colaboran y se solidarizan con los que están lejos, y sin los cuales los últimos serían inofensivos. Acostumbramos decir que las masas de hombres no están preparadas; en realidad, el mejoramiento es lento, porque los pocos no son materialmente más sabios o mejores que los muchos. No es tan importante que los muchos sean tan buenos como usted, como que haya alguna bondad absoluta en alguna parte, ya que esto hará fermentar todo el amasijo. Toda votación es una especie de juego como el de las damas, con un leve toque moral en él, un juego con acierto y errores, con cuestiones morales, y acompañado naturalmente por las apuestas. El carácter de los jugadores no interviene para nada. Deposito mi voto al azar, por lo que me parezca bien, pero no me interesa mucho que este derecho prevalezca. Estoy dispuesto a dejarlo a la mayoría. Su obligación, por lo tanto, nunca supera a la de la conveniencia. Ni siquiera votar *por lo correcto*, es *hacer* algo por ello. Simplemente es expresar débilmente a los hombres su deseo de que prevalezca. Un hombre sabio no dejará lo correcto librado a la suerte, ni querrá que prevaleciese a través del poder de la mayoría. Hay poca virtud en la acción de las masas de hombres. Cuando la mayoría llegue a votar finalmente por la abolición de la esclavitud, lo hará porque es indiferente a la esclavitud o porque muy poca esclavitud queda pendiente de abolir por su voto. Entonces los únicos esclavos serán *ellos*. Sólo puede acelerar la abolición de la esclavitud *el voto de aquel* que afirme su propia libertad por su voto. En nombre del orden y del gobierno civil, a fin de cuentas **estamos hechos para rendir homenaje y prestar apoyo a nuestra propia mezquindad.** Tras el primer sonrojo de injusticia se presenta su indiferencia, y así su original inmoralidad se conforma en amoralidad no del todo innecesaria para la vida que hemos hecho.

El error más obvio y más común requiere de la más desinteresada habilidad para sostenerlo. Son las personas nobles las más susceptibles de atraerse sobre sí mismas la leve vergüenza a la que el patriotismo está usualmente propenso. Aquellos que, mientras desaprueban el carácter y las medidas de un gobierno, le prestan su lealtad y su apoyo, son indudablemente sus partidarios más conscientes y, por lo tanto, a menudo se convierte en los más serios obstáculos para realizar reformas.

¿Cómo puede un hombre conformarse con tener sólo una opinión y *disfrutarla*? ¿Hay algún goce en ello si opina que fue agraviado? Si su vecino le estafa un dólar, usted no se conforma con saber que lo han estafado ni con decir que lo han estafado, o ni siquiera con pedirle que le pague lo que le debe, sino que inmediatamente toma medidas concretas para obtener el importe completo y prever que no le vuelvan a estafar. La acción por principio, la percepción y el desempeño del derecho, modifica cosas y relaciones; es esencialmente revolucionaria y no coincide plenamente con nada de lo que era antes. No solamente divide Estados e Iglesias, divide familias; sí, divide al *individuo* separando lo diabólico de lo divino en él.

Existen leyes injustas: ¿debemos conformarnos con obedecerlas o, debemos tratar de enmendarlas y acatarlas hasta que hayamos triunfado o, debemos transgredirlas de inmediato? Los hombres en general, bajo un gobierno como éste, piensan que deben esperar hasta convencer a la mayoría para modificarlas. Piensan que si resisten, el remedio sería peor que la enfermedad. Pero es el gobierno quien tiene la culpa de que el remedio sea peor que la enfermedad. **El *gobierno* lo empeora. ¿Por qué no es más capaz de anticiparse y prever para lograr reformas?** ¿Por qué no aprecia a su sabia minoría? ¿Por qué llora y se resiste antes de ser herido? ¿Por qué no alienta a sus ciudadanos a estar alertas para señalarle sus faltas y así poder actuar mejor? ¿Por qué siempre crucifica a Cristo, excomulga a Copérnico y a Lutero?

Si la injusticia forma parte de los problemas inherentes a la máquina de gobierno, dejémosla funcionar, que funcione: quizá desaparecerán ciertamente las asperezas y la máquina se desgastará. Si la injusticia tiene una cuerda, una polea, una soga o un eje exclusivamente para ella misma, entonces se podría considerar si el remedio no sería peor que la enfermedad, pero si es de tal naturaleza que requiere que usted sea el agente de injusticia para otro, entonces, digo, **¡viole la ley! que su vida sirva de freno para parar la máquina.** Lo que debo hacer es ver a cualquier precio que no me presto para fomentar el mal que condeno.

En cuanto a adoptar los medios que el Estado ha proporcionado para remediar el mal, no conozco tales medios. Toman demasiado tiempo, más que la vida de un hombre. Tengo otros asuntos que atender. No vine a este mundo principalmente para hacerlo un lugar adecuado para vivir, sino para vivir en él, sea bueno o malo. El hombre no debe hacerlo todo, pero sí algo; y como no puede hacerlo *todo*, no hace falta que haga *algo* malo. No es de mi incumbencia recurrir al gobernador o a la legislatura, así como no es el suyo recurrir a mí: ¿qué hago si ellos no escuchan mi solicitud? Para este caso el Estado no ha proporcionado ningún medio: su mismísima constitución es el mal. Puede que esto parezca chocante, obstinado e intolerante pero esto significa tratar con la máxima amabilidad y consideración al único espíritu que pueda apreciarlo o merecerlo. Por lo tanto, todo cambio es para mejorar como sucede con el nacer o morir que convulsionan al cuerpo.

(...) **Una minoría es impotente si se ajusta a la mayoría; entonces ni siquiera es minoría;** pero es irresistible si se opone con todo su peso. Si no queda otra alternativa que encerrar a todos los hombres justos en la cárcel o dejar la guerra y la esclavitud, el Estado no vacilará en su elección. Si un millar de hombres no pagase los impuestos este año, la medida no sería ni violenta ni sangrienta, como lo sería, en cambio, pagarlos y proporcionarle al Estado la posibilidad de que cometa actos de violencia y de que derrame sangre inocente. Esta, en efecto, es la definición de una revolución pacífica, si tal es posible. Si el recaudador de impuestos o cualquier otro funcionario público me pregunta, como uno ya lo ha hecho: *¿pero qué quiere que haga?*, mi respuesta es: *si realmente quiere hacer algo, renuncie a su cargo*. **Cuando el súbdito ha negado lealtad y el funcionario ha renunciado a su cargo, entonces la revolución se realiza.** Pero supongamos que haya derramamiento de sangre. ¿No es una especie de derramamiento de sangre cuando la conciencia está herida? Por esta herida escapa la verdadera hombría e inmortalidad del hombre.

Hablando en términos absolutos, cuanto más dinero, menos virtud; porque el dinero se interpone entre el hombre y sus objetos y obtiene éstos para él, y sin duda no fue gran virtud conseguirlo. El dinero echa a un lado muchos interrogantes que de lo contrario se le obligaría a responder, mientras que la única interrogante nueva que plantea es la concreta pero superflua: cómo gastarlo. De esta manera sus pies dejan de pisar terreno moral. Las oportunidades de la vida disminuyen en la misma proporción en que lo que se llaman *medios* aumentan. **Lo mejor que un hombre puede hacer por su cultura, cuando es rico, es proponerse llevar a la práctica aquellos planes que abrigaba cuando era pobre.**

Cuando converso con el más libre de mis vecinos percibo que, no importa lo que digan sobre la magnitud y gravedad del asunto y su interés por la tranquilidad pública, es que no pueden prescindir de la protección del gobierno existente y temen las consecuencias que su desobediencia atraería para sus propiedades y familiares. Por mi parte, no quisiera pensar que siempre dependo de la protección del Estado. Pero, si niego la autoridad del Estado cuando me presenta su cuenta de impuestos, pronto se posesionará y derrochará toda mi propiedad y así nos acosará a mí y a mis hijos para siempre. Esto es duro. Imposibilita al hombre vivir honesta y al mismo tiempo cómodamente en los aspectos externos. No valdría la pena acumular propiedad porque sin duda volvería a suceder lo mismo. Hay que trabajar o tomar posesión de una casa en alguna parte, cultivar una pequeña cosecha y comerla pronto. **Hay que**

vivir dentro de uno mismo y depender de sí mismo siempre alerta y listo para comenzar de nuevo y no tener muchas ocupaciones.

Confucio dijo: *si un Estado es gobernado por los principios de la razón, la pobreza y la miseria son motivo de vergüenza; si un Estado no es gobernado por los principios de la razón, la riqueza y los honores son motivo de vergüenza.*

(...) Me cuesta menos en todo sentido, incurrir en la penalidad de la desobediencia al Estado, de lo que me costaría obedecer. Me sentiría como si valiera menos en este caso.

Sepan por estas líneas todos los hombres que yo, Henry Thoreau, no quiero ser considerado como miembro de alguna sociedad corporizada a la que no me he adherido. Entregué la declaración al oficial municipal y ahora él la tiene. Habiéndose enterado entonces el Estado de que no deseaba que se me considerase como un miembro de esa iglesia, nunca más ha vuelto a hacerme una demanda similar desde entonces, si bien dijo que debía sostener su presunción original en esa ocasión. Si hubiera sabido nombrarlas, habría debido firmar entonces en detalle la lista de todas las sociedades a las cuales nunca he pertenecido, pero no sabía dónde conseguir una lista completa. Hace seis años que no pago el impuesto personal. Por este motivo me tuvieron una noche en la cárcel y, cuando meditaba examinando las paredes de sólida piedra, de dos a tres pies de espesor, la puerta de hierro y de madera de un pie de espesor, y la reja de hierro que filtraba la luz, no pude menos que pensar en la estupidez de esta institución que me trataba como si simplemente fuese un montón de carne, sangre y huesos, susceptible de encerrarse bajo llave. Me preguntaba si habría llegado a la conclusión de que ésta era la mejor ocupación que podía proporcionarme y que jamás se le ocurrió disponer de mis servicios de alguna manera. Comprendí que, si había un muro de piedra entre yo y mis vecinos de la ciudad había todavía otro aún más difícil de escalar o romper, antes de que ellos llegaran a ser tan libres como lo era yo. Ni por un momento me sentí encerrado, y las paredes me parecieron un gran derroche de piedra y argamasa. Me sentía como si, entre todos los vecinos, yo fuese el único que había pagado el impuesto. Sencillamente no sabían cómo tratarme, porque creían que mi principal deseo era estar del otro lado de ese muro de piedra. No pude menos que sonreír viendo cuán diligentemente cerraban la puerta a mis meditaciones, que los seguían de nuevo sin prisa ni pausa, y *ellos* estaban realmente convencidos de que todo eso era peligroso. Como no podían llegar a mí, resolvieron castigar mi cuerpo; parecían chiquillos que si no pueden agredir a la persona contra quien tienen odio maltratan a su perro. Comprendí que el Estado era ingenioso a medias, que era tímido como una mujer solitaria con sus cucharas de plata, que no sabía distinguir a sus amigos de sus enemigos, y perdí todo el respeto que conservaba por él y le tuve lástima.

Así, el Estado jamás confronta intencionalmente el sentido intelectual general del hombre, sino sólo su cuerpo, sus sentidos. No está armado con ingenio ni honestidad superior, sino con fuerza física superior. **Yo no he nacido**

para ser obligado. Respiraré a mi propia manera.
Veamos quién es el más fuerte. ¿Qué fuerza tiene una multitud? **Sólo pueden forzarme quienes obedecen una ley superior a mí.** Me obligan a llegar a ser como ellos. No sé de *hombres* que sean *obligados* a vivir de tal o cual manera por masas de hombres. ¿Qué clase de vida sería esa? Cuando encuentro un gobierno que me dice: *Su dinero o su vida*, ¿por qué he de apurarme a darle mi dinero? Puede estar en un gran apuro y no saber qué hacer; no puedo ayudar en esto. Que se ayude a sí mismo; que haga como hago yo. No vale la pena lloriquear por él. Yo no soy responsable del eficaz funcionamiento de la maquinaria de la sociedad. No soy el hijo del ingeniero. Percibo que, cuando una bellota y una castaña caen juntas, una no permanece inerte para ceder paso a la otra, sino que ambas obedecen sus propias leyes germinando, brotando, creciendo y floreciendo como mejor pueden hasta que una llega a ensombrecer y destruir a la otra. Si una planta no puede vivir de acuerdo con su naturaleza, muere; lo mismo sucede con el hombre.
La noche en la cárcel fue novedosa y bastante interesante. Cuando entré, los presos, en mangas de camisa, disfrutaban una plática y del atardecer en el pasillo. Pero el carcelero dijo: *Vamos, muchachos, es hora de regresar a sus celdas*; entonces se dispersaron y escuche el ruido de sus pasos que se dirigían a los vacíos apartamientos. El carcelero me presentó a mi compañero de habitación como *una persona de primera categoría y muy lista*. Cuando se cerró la puerta me mostró donde colgar mi sombrero y como se las arreglaba ahí. Blanqueaban las celdas una vez al mes y ésta por lo menos era la más

blanca y la más simplemente amueblada y probablemente el lugar más limpio de toda la ciudad. Naturalmente, quiso saber de dónde era y por qué me habían llevado ahí. Cuando se lo dije y le pregunté cómo había ido a parar ahí, suponiendo que era un hombre honesto y cómo están las cosas, creo que lo era. *Mire* -dijo- *me acusan de haber quemado un granero pero nunca lo hice.* Según pude descubrir, es probable que se haya acostado en un granero estando borracho y ahí fumó su pipa, de manera que el granero se quemó. Tenía fama de hombre listo, estaba ahí desde hacía unos tres meses esperando el proceso y debería aguardar mucho más, pero estaba muy conforme y contento porque le daban pensión gratis y pensaba que lo trataban bien.

Él ocupaba una ventana y yo la otra; comprobé que, si uno se queda mucho tiempo ahí, la principal ocupación consiste en mirar por la ventana. Al rato leí todas las inscripciones dejadas en la celda, examiné por donde se habían escapado otros presos y donde habían aserrado un barrote, y me enteré de la historia de los distintos ocupantes de esa celda; descubrí que hasta aquí, había una historia y comentarios que jamás circulaban fuera de los muros de la cárcel. Probablemente sea la única casa del pueblo donde se componen versos que después circulan entre los prisioneros pero no se publican. Me mostraron una larga lista de versos compuestos por algunos jóvenes que fueron sorprendidos cuando intentaban fugarse, y luego se vengaron cantándolos. Cuestioné a mi compañero de cautiverio todo lo que pude temiendo que nunca volviese a verlo, pero por último me indicó cuál era mi cama y me hizo apagar la lámpara. Fue como viajar a un remoto país que nunca esperé observar y en donde nunca pensé pernoctar una noche. Me pareció que nunca había oído antes el sonido del reloj de la ciudad, ni los ruidos nocturnos del pueblo, porque dormíamos con las ventanas abiertas, que estaban por dentro de la reja.

(...) Por la mañana nos pasaban el desayuno a través del agujero de la puerta en pequeñas bandejas rectangulares de estaño, hechas a medida y sosteniendo ciento veinticinco gramos de chocolate, pan moreno y una cuchara de hierro. Cuando pidieron los recipientes, cometí la ingenuidad de devolver el pan sobrante, pero mi camarada lo atrapó diciendo que debía reservarlo para el almuerzo o la cena. Poco después lo dejaron salir para acarrear pasto seco en un campo vecino adónde iba todos los días y regresaba al medio día; en consecuencia me dio los buenos días diciendo que dudaba de que volvería a verme.

Cuando salí de la cárcel -porque algún entrometido pagó aquel impuesto- no comprendía que habían ocurrido grandes e importantes cambios, como los observados por quien entra joven y sale vacilante y canoso; y ya para mí se había operado un cambio en la escena -el pueblo, el Estado y el condado- mayor de lo que habría podido causar el tiempo. Aún vi con mayor claridad el Estado en el que vivía. Vi hasta qué punto la gente entre la cual vivía era digna de confianza, como buenos vecinos y amigos: que su amistad era para los buenos tiempos solamente; que no se proponían mayormente obrar bien; que eran de una raza distinta a la mía por sus prejuicios y supersticiones; después de todo, no eran tan nobles ya que trataban al ladrón tal y como él les había tratado y esperaban, mediante cierto cumplimiento aparente, algunas oraciones y recorriendo de cuando en cuando cierto sendero recto y particular, aunque inútil, salvar sus almas. Puede que con esto parezca juzgar crudamente a mis vecinos, porque pienso que muchos de ellos no tienen conciencia de que poseen una institución como la cárcel en su pueblo. Esta es la historia de *mis prisiones*.

Nunca me negué a pagar el impuesto de carretera porque estoy tan deseoso de ser buen vecino como de ser mal súbdito; y en cuanto al sostenimiento de las escuelas, participo educando ahora a mis conciudadanos. No es en relación al particular punto en la cuenta de impuestos que me niego a pagarla. **Sencillamente quiero negar mi lealtad al Estado, retirarme y mantenerme realmente apartado de él.** No me interesa trazar el recorrido de mi dólar, aunque pudiera, que hasta puede comprar a un hombre o un mosquete para matar a alguien -el dólar es inocente- sino me preocupa trazar los efectos de mi lealtad. En verdad, **declaro en silencio la guerra al Estado a mi manera, aunque siempre haré el uso y conseguiré la ventaja que de él pueda,** como suele suceder en tales casos.

Si otros pagan por simpatía al Estado el impuesto que se me exija, no hacen sino lo mismo que ya han hecho en su propio caso, o bien aceptan la injusticia en mayor medida de lo que el Estado requiere. Si pagan el impuesto por erróneo interés en el individuo contribuyente, para salvar su propiedad o impedir que vayan a la cárcel, es porque no han considerado con sabiduría hasta donde pueden permitir que sus sentimientos privados interfieran el bien público.

Por lo tanto ésta es mi posición actual. Pero no se puede estar demasiado en guardia ante un caso así, para que la propia acción no sea influenciada por obstinación o por indebida consideración hacia las opiniones de los hombres. Que se haga únicamente lo que corresponde a uno mismo y al momento preciso.

(...) Creo que el Estado pronto estará en condiciones de quitarme todo mi trabajo de ese tipo, y entonces no seré mejor patriota que mis conciudadanos. Contemplada desde un punto de vista inferior, la Constitución, con todas sus fallas, es muy buena; la ley y las cortes son muy respetables; hasta este Estado y este gobierno norteamericano son, en muchos sentidos, cosas muy admirables y raras que debemos agradecer, tal como muchísimos las han descrito; pero contempladas desde un punto de vista un poco más alto, son como las describí; contempladas desde un punto aún más alto y desde el más alto, ¿quién diría lo que son o que sean dignas de mirar o pensar en ellas en absoluto? Sin embargo, el gobierno no me interesa mayormente y le concederé mínimos pensamientos. No son muchos los momentos en que vivo bajo un gobierno, ni siquiera en este mundo. Si un hombre es de libre pensamiento, de libre fantasía, de libre imaginación, eso que nunca parece existir por mucho tiempo para él, mandatarios o reformadores imbéciles no pueden interrumpirlo fatalmente.

(...) **¿Es la democracia, tal y como la conocemos, la última mejora posible en materia de gobierno?** ¿No es posible dar un paso más hacia el reconocimiento y organización de los derechos del hombre? Jamás habrá un Estado social realmente libre e ilustrado mientras el Estado no llegue a reconocer al individuo como una potencia superior e independiente, de lo que se derivan su propio poder y autoridad, y lo trate de acuerdo a eso. Me complazco en imaginar un Estado que por lo menos pueda permitirse ser justo para con todos los hombres y tratar al individuo con respeto como vecino; que ni siquiera crea incompatible con su propia tranquilidad el que algunos quieran vivir al margen de él, sin inmiscuirse en él ni ser abrazados por él, dando cumplimiento a todos sus deberes de vecinos y semejantes. Un Estado que diese esta clase de fruto y sufriera el dejarlo caer con la misma rapidez que madura, prepararía el camino para un Estado más perfecto y glorioso todavía, que también he imaginado pero aún no he visto en ninguna parte.

"Una ley jamás hará libre a un hombre; son los hombres quienes tienen que hacer libres a las leyes. ¿Deben respetarse las leyes simplemente porque fueron dictadas?"

"Thoreau es un aristócrata del espíritu, o sea lo más raro de encontrar sobre la tierra: un individuo. Está más cerca de un anarquista que de un demócrata, un socialista o un comunista. De todos modos no le interesaba la política y era un tipo que de haber proliferado hubiera provocado la no existencia de los gobiernos. Esta es, a mi parecer, la mejor clase

de hombre que una comunidad sepa producir. Siento hacia Thoreau un respeto y admiración desmesurado".

(Henry Miller)

Thoreau reivindica un trabajo creativo y útil, que no sea alienante, que nos aporte algo más que dinero y nos permita tiempo para otras cosas más importantes. Su propuesta de desobediencia civil, que influyó en Gandhi y en Luther King, sigue teniendo aplicaciones y cobra más fuerza (cánones abusivos en servicios básicos, retractar hipotecas, impuestos enormes, leyes injustas…) ¿Cuál es nuestro grado de compro-miso como individuos respecto a las injusticias en las que estamos inmersos?

"El monstruo nunca está donde creemos que está. Lo verdaderamente monstruoso es nuestra cobardía e indolencia".

"No hay peor inepto que aquel que consume la mayor parte de su tiempo en ganarse la vida. Todas las grandes iniciativas son autosuficientes".

Es agradable pasear por parajes cubiertos de hojas secas que crujen bajo nuestros pies. Caen juguetonas y ligeras hasta su última morada, ellas que se elevaron tan alto, con satisfacción regresan a la tierra fértil. ¡Qué plácidamente se dejan caer y se enmohecen! Se tiñen de mil colores y se convierten en lecho. Ellas nos enseñan cómo morir.

*

AMBROSE BIERCE (1842-1914?)
Datos Biográficos según Wikipedia

Ambrose Gwinett Bierce (Meigs en Ohio, Estados Unidos, 24 de junio de 1842 - Chihuahua, 1914?) fue escritor, periodista y editorialista. Su estilo lúcido y vehemente le ha permitido conservar la popularidad un siglo después de su muerte, mientras que muchos de sus contemporáneos han pasado al olvido. Ese mismo estilo cáustico hizo que un crítico le apodara *El amargo Bierce* (Bitter Bierce).

Bierce nació en una cabaña en Horse Cave Creek, en Meigs, y creció en Kosciusko, Indiana. Fue el décimo de trece hijos. Sus padres, Marcus Aurelius y Laura Sherwood Bierce, granjeros de profunda fe calvinista, les dieron a todos ellos nombres que empezaban con la letra «A»: Amos, Andrew, Augustus, Ambrose, Albert... Mientras que Marcus Aurelius, agricultor sin fortuna, adolecía de un carácter extravagante y apático, prefiriendo pasar el tiempo en la lectura bíblica y de Lord Byron; fue la madre, mujer temperamental y dominante, quien se encargó de sustentar a toda la familia.

En aquel ambiente puritano lleno de represiones y prejuicios, casi todos los hermanos adquirieron un carácter difícil y sinuoso. De esta característica no se libró Ambrose, en quien se fue fraguando hacia su propia familia un odio visceral del cual, por razones que desconocemos, sólo libró a su hermano Albert. Durante estos años de formación, otro de los hermanos, en rebelión contra aquel autoritarismo doméstico, se fugó de casa para acabar como actor y forzudo de feria, mientras que una hermana acabó sus días devorada por caníbales en África, a donde había huido para ejercer de misionera. Todavía adolescente, Ambrose tuvo amoríos con una mujer de más de setenta años, a quien más tarde él mismo definiría como "culta y todavía atractiva". Poco después, en 1859, Bierce ingresa en la Escuela Militar de Kentucky, donde su estancia se truncó prematuramente a causa de un accidente, supuestamente intencionado, que acabó incendiando el establecimiento. Al comienzo de la

Guerra Civil Estadounidense, el 19 de abril de 1861, Bierce se alistó en el 9º Regimiento de Voluntarios de Indiana. Comenzó la campaña como oficial topógrafo para determinar los campos de batalla apropiados. Luchó en diversas batallas, experiencia terrible que utilizó más tarde en algunos de sus cuentos. En 1864 fue herido en combate y posteriormente ascendido a capitán y poco después comandante. Acabada la guerra, se le confía la administración de los bienes abandonados y capturados. En 1866 participó en una expedición por los territorios indios, siendo destinado a Fort Laramie, y solicitó su ingreso en el ejército regular. Cuando a finales de año la expedición regresó a San Francisco, Bierce fue aceptado en el Ejército como segundo teniente, no como capitán que era lo que él esperaba, y renunció entonces a la vida militar.

En 1871 se casó con la bella Mary Ellen (Molly) Day, con la que tuvo tres hijos: Day, Leigh y Helen. A pesar de la fama y fortuna que persiguieron al escritor durante sus años de matrimonio, éstos no le aportarían demasiados momentos felices: en 1888 se separó tras descubrir unas cartas comprometedoras de un admirador a su esposa. En 1904 obtuvo el divorcio. Bierce sobrevivió a sus hijos varones: uno fallecería en una pelea, y alcoholizado el otro. Él mismo, estuvo enfermo toda su vida, a consecuencia del asma y de las secuelas de sus heridas de guerra. Tras licenciarse se dio a conocer como periodista en San Francisco, donde colaboró en *The Argonaut*, *The Overland Monthly* y *New Letters*, del que fue nombrado director en 1868. Es la época en la que se hará buen amigo personal de Mark Twain, de cuyo fluido y expeditivo modo de escribir se vuelve admirador entusiasta. Desde 1872 hasta 1875 vivió con Mary Ellen en Londres, donde escribió. De vuelta a Estados Unidos, se estableció de nuevo en San Francisco, convirtiéndose en columnista y editorialista del *San Francisco Examiner*, propie-dad de William R. Hearst. Era el escritor más célebre de la costa occidental y en el año 1889 se trasladó a Washington, pero continuó su relación con los diarios de Hearst hasta 1906.

Trabajos literarios

En Londres escribió sus primeras narraciones cortas, aparecidas en revistas y recopiladas más tarde en tres tomos y que le crearon fama de humorista cáustico y mordaz. Su estilo se caracteriza por el constante uso de la ironía. Misántropo, expresó su pesimismo en cuentos y relatos cortos que no se hacen excesivas ilusiones sobre la bondad esencial del hombre y la mujer. También realizó diversas críticas corrosivas de la corrupción política estadounidense. De regreso a San Francisco se convirtió en el árbitro de los círculos políticos y literarios. Su obra está repleta de humor macabro y de ingenio satírico. Se le considera heredero literario directo de sus compatriotas Edgar Allan Poe, Nathaniel Hawthorne y Herman Melville. Cuentista de primer orden, le debemos algunos de los mejores relatos macabros de la historia de la literatura. Bierce es el escritor que gran parte de la crítica sitúa al lado de Poe, Lovecraft y Maupassant en el panteón de ilustres cultivadores del género terrorífico. A través de sus contundentes filigranas narrativas se evidenció como maestro absoluto en la recreación de tensas atmósferas en medio de las cuales detona repentina-mente un horror «físico», absorbente y feroz.

Algunos elementos de la obra de Bierce fueron tomados por el también escritor de relatos de horror H. P. Lovecraft, quien escribió sobre los relatos de Bierce que *«en todos ellos hay una maleficencia sombría innegable y algunos siguen siendo verdaderas obras cumbres de la literatura fantástica estadounidense»*. Lovecraft dedica varias páginas de dicho ensayo a Bierce, a quien atribuye un lugar *«próximo a la verdadera grandeza»*. No obstante, Lovecraft no escatima desaprobaciones al calificar la obra de Bierce como de *«un tanto irregular: muchos de sus relatos son evidentemente mecanicistas y están estropeados por un estilo desenfadado, artificioso y vulgar, procedente de estilos periodísticos»*

Bierce desaparece

En octubre de 1913, Bierce partió de Washington para recorrer los antiguos campos de batalla de la Guerra Civil. En diciembre cruzó a México y en Ciudad Juárez se unió al ejército de Pancho Villa como observador, llegando hasta Chihuahua donde su rastro se desvanece. La última acción registrada fue de una carta que escribió a un amigo, fechada el 26 de diciembre. Se trata de una de las desapariciones más famosas de la historia de la literatura: Lovecraft se refiere a ella en su novela *El que acecha en el umbral*:

"Ambrose Bierce, y aquí llegamos a algo de naturaleza siniestra (pues Bierce se interesaba en asuntos extraños), desapareció en México. Se dijo que había muerto luchando

contra Villa, pero en la época de su desaparición debía de tener más de setenta años y era prácticamente un inválido. Jamás se volvió a saber de él. Esto ocurrió en mil novecientos trece".

Aunque desde entonces se han abierto muchas teorías, el misterio aún permanece. Antes de partir a México, en una carta fechada el 1 de octubre de 1913, escribió a una de sus familiares en Washington:

«*Adiós. Si oyes que he sido colocado contra un muro de piedra mexicano y me han fusilado hasta convertirme en harapos, por favor, entiende que yo pienso que esa es una manera muy buena de salir de esta vida. Supera a la ancianidad, a la enfermedad, o a la caída por las escaleras de la bodega. Ser un gringo en México. ¡Ah, eso sí es eutanasia!*».

La *Enciclopedia Británica* supone que pudo ser asesinado en el sitio de Ojinaga (enero de 1914), pues un documento de la época consigna la muerte en esta batalla de «un gringo viejo». La tradición oral y el testimonio de un sacerdote, aseguran que Bierce fue ejecutado por fusilamiento en el cementerio de un pueblo. Al menos se han hecho tres películas sobre el cuento *Lo que pasó en el puente de Owl Creek*: (1920); *La Rivière du Hibou*, (1962), y otra versión en 2005. La segunda de ellas fue utilizada para un episodio de la serie de televisión *Dimensión Desconocida*, y una adaptación suya se incluyó en la serie *Alfred Hitchcock presenta*.

El novelista Carlos Fuentes escribió una novela sobre los últimos años de Bierce, titulada *Gringo viejo*, que se llevó al cine, interpretada por Gregory Peck y Jane Fonda, siendo dirigida por el argentino Luis Puenzo.

La obra de Ambrose Bierce

Si bien se suele encasillar a Bierce como un autor de cuentos de terror, no todos sus textos pertenecen a ese género, en cambio, sus textos suelen contener una fuerte dosis de sarcasmo o de lúcida ironía. En este sentido, su obra más conocida es el *"Diccionario del Diablo"* que apareció publicado en 88 entregas durante cinco años. Se trata de un diccionario de la A a la Z, donde con gran sutileza e ironía se reinterpretan los significados de ideas básicas, como haría un diablo burlón. Algo así como una sátira filosófica. Han transcurrido más de ciento treinta años desde la aparición del célebre diccionario y frente a sus definiciones nos damos cuenta que aquella sociedad y la actual está prácticamente en el mismo punto de insensatez generalizada. Nos confirma que la política y los gobernantes tienen el mismo nivel de descrédito y que de hecho, el "Sistema" es un conglomerado de hipocresías, contradicciones y obscenidades sociales. Es con esta obra en forma de diccionario donde encontramos el mejor Bierce y su pensamiento. Un libro de elaboración larga que requiere reflexiones profundas. Un autor contestatario e inconformista lleno de madurez filosófica.

Como ejemplo leemos algunas de sus definiciones:

Absurdo: Argumento de un oponente.

Bolsillo: Cuna de todos los motivos que nos mueven y tumba de la conciencia.

Corrupto: En política, el que ocupa un cargo de confianza o de provecho.

Diplomacia: Arte de mentir por el propio país.

Enemigo: Persona a la que su perversa naturaleza mueve a negar nuestros méritos o exhibir la superioridad de los suyos.

Fraude: Vida del comercio, alma de la religión, cebo del cortejo y base de nuestro poder político.

Granuja: Especie de alimaña que abunda allá donde hay buenas cosechas de necios, de cuya planta se alimenta.

Historia: Relato, casi siempre falso, de las hazañas, casi siempre carentes de la menor importancia, que realizan gobernantes, casi siempre deshonestos y soldados, casi siempre necios.

Idiota: Miembro de una tribu grande y poderosa cuya influencia en los asuntos humanos siempre ha sido inmensa y prominente. Su actividad no se restringe a un campo específico del pensamiento o la acción, sino que impregna y regula la totalidad. Tiene la última palabra en todo y su decisión es inapelable. Impone las modas en el gusto y la opinión; dicta los límites de lo que se puede decir y circunscribe las conductas con un tope infranqueable.

Juez: Persona que se dedica a inmiscuirse en disputas en las que no tiene ningún interés personal.

Ladrón: Hombre de negocios sincero.

Mentiroso: Abogado con una profesión indefinida. Periodista con cualquier ocupación, oficio o vocación.

Nariz: Puesto más avanzado de la cara. Se ha observado que la nariz nunca es tan feliz como cuando se mete en asuntos ajenos.

Optimismo: Doctrina o creencia según la cual todo es bello, incluido lo que es feo; todo es bueno, sobre todo lo malo; y todo lo equivocado es acertado. Es hereditaria pero por suerte no es contagiosa.

Política: Lucha de intereses disfrazada de debate de principios. Gestión de los asuntos públicos con vistas al beneficio privado.

Querido: Pelmazo del sexo opuesto en una de las primeras fases de su desarrollo.

Renta: Indicador y medida natural de la respetabilidad.

Sinvergüenza: Un caballero al revés.

Talento: Habilidad natural para llevar a cabo una pequeña parte de las ambiciones mezquinas que diferencian a los hombres capaces de los muertos.

Ultimátum: En diplomacia, última amenaza antes de pasar a hacer concesiones.

Votación: Estratagema mediante la cual una mayoría demuestra a una minoría la estupidez que supondría cualquier resistencia y que las ideas de la minoría es un completo sinsentido.

"El diccionario del Diablo"

Muy entrados en el siglo XXI caemos en la tentación de añadir algunas definiciones propias actualizadas:

Desafección: estar hasta las narices de… pérdida de la fe respecto a…

Economía: algo que debería ser una ciencia moral y no un comportamiento numérico.

Indignado: alguien que ha llegado al límite pero que no tiene agallas para la revolución armada.

Codicia: cualidad imprescindible para ser banquero.

Crisis sistémica: metástasis de la podredumbre.

Crisis financiera: la mayoría de los banqueros se han vuelto manirrotos y la avaricia ha roto definitivamente el saco.

Crisis de valores: ¿Qué valores? ¿Han existido realmente alguna vez valores?

Sistema de mercado: máximo exponente de un capitalismo perverso.

Sistema financiero: conjunto de gánsteres que incluso han conseguido que no se les aplique la norma básica del capitalismo, consistente en establecer que quien comete errores los paga con la quiebra.

*

"Nací pobre porque mis padres eran muy honrados y hasta que no cumplí los veintitrés años nunca fui consciente de que la posibilidad de ser feliz se escondía en el dinero de los demás. En aquella época la providencia me sumió en un profundo sueño y me reveló, en una visión, lo estúpido que era seguir trabajando".

Así comienza el relato "La ciudad de Los-Que-Ya-Se-Han-Ido" y rápidamente somos conscientes del sarcasmo y la ironía del autor.

(...) deteniéndome ante la tumba de mi abuelo, que había sido cura, juré que nunca más, con la ayuda del Altísimo, volvería a ganar un céntimo en la vida con el sudor de mi frente.

Ambrose Bierce por H.P. Lovecraft.
Extraído de *El horror sobrenatural en la literatura.*

(...) Bierce fue un satírico y excéntrico panfletista de fama, pero lo principal de su reputación artística reside en sus amargos y salvajes cuentos; una gran parte de ellos relacionados con la Guerra Civil y que constituyen la más vívida y realista expresión literaria de ese conflicto. Virtualmente todos los relatos de Bierce son cuentos de terror; y mientras muchos de ellos tratan tan sólo de los horrores físicos y psicológicos en los límites de la naturaleza, una parte substancial admiten la presencia de lo malignamente sobrenatural y forman un conjunto destacado en el acervo de la literatura fantástica norteamericana.

En Bierce la sugestión del horror se vuelve por primera vez no ya la prescripción o prevención de E. Alan Poe y Guy de Maupassant, sino una atmósfera definida y siniestramente precisa. Las palabras, tan simples que se sentiría tentado a considerarlas como una limitación de escritorzuelo mercenario, adquieren un horror impío, una nueva e inesperada transformación. En Poe es un *tour de force*, en Maupassant un nervioso compromiso del desenlace; para Bierce, simple y sinceramente, el diablo contiene en sus atormentadas profundidades un legítimo y confiable medio para un fin.

No se trata del usual mundo dorado, sino de un mundo impregnado del misterio azul, recalcitrante y urgente de los sueños. Curiosamente, lo inhumano tiene lugar en este mundo. La "inhumanidad" encuentra su desahogo en una rara veta de comedia y humor de cementerio, y una especie de deleite en imágenes de crueldad y tentadora desilusión. La primera cualidad está bien ilustrada por algunos de los subtítulos en los cuentos más oscuros; tales como "Uno no siempre come lo que está sobre la mesa", describiendo la autopsia de un cadáver, y "Un hombre aunque desnudo puede estar en harapos" refiriéndose a un cuerpo mutilado.

Muchos de los cuentos son mecánicos, y dañados por un estilo vulgar y artificioso derivado de modelos periodísticos; pero la amarga malevolencia que merodea a través de todos ellos es inconfundible, y algunos resaltan como permanentes cumbres de la narrativa de terror.

La muerte de Halpin Frayser, considerada como el cuento más diabólicamente espectral de la literatura anglosajona, nos habla de un cuerpo sin alma, deambulando sigilosamente en la noche de un bosque fantasmagórico y horriblemente iluminado por un resplandor sanguinolento y de un hombre acosado por recuerdos ancestrales que encuentra la muerte entre las garras de aquello que alguna vez fue su amada. *El entorno conveniente* evoca con sutileza y aparente simplicidad, el punzante sentido del horror que puede residir en la palabra escrita. En este relato, el cuentista fantástico Colston le dice a su amigo Marsh:

"Eres lo bastante valiente como para leerme en un tranvía, pero en una casa desierta, solo, en el bosque, durante la noche. ¡Bah! En el bolsillo llevo un manuscrito que podría matarte".

Marsh lee el manuscrito en un "entorno conveniente", y muere.

El dedo medio del pie derecho está torpemente desarrollado, pero tiene un poderoso clímax. Un hombre llamado Manton ha asesinado horriblemente a su esposa y sus dos hijos, la primera de las cuales carecía del dedo medio del pie derecho. Diez años después regresa muy alterado al lugar del crimen; y siendo misteriosamente reconocido, es provocado a batirse a duelo con navaja en la oscuridad de la casa abandonada donde tuvo lugar el crimen. Cuando llega el momento del duelo, es víctima de un engaño y queda sin antagonista, encerrado en una habitación oscura del edificio supuestamente embrujado, cubierta con el espeso polvo de una década. Ningún cuchillo lo ataca, pues el intento era asustarlo; pero al día siguiente se lo encuentra agazapado en un rincón con el rostro distorsionado, muerto de pánico por algo que vio. La única pista visible que se ofrece tiene implicancias horribles:

"En el espeso polvo que los años acumularon sobre el piso -yendo desde la puerta por la que habían entrado y a lo largo de la habitación hasta una yarda del cadáver acurrucado de Manton se pueden ver tres líneas paralelas de huellas, leves pero definidas huellas de pies desnudos, dos de las cuales pertenecían a las de unos niños, la del medio a una mujer. Las huellas terminan ahí, no regresan. Todas apuntan en la misma dirección". Y, por supuesto, las huellas de la mujer muestran la carencia del dedo medio del pie derecho.

Ambrose Bierce rara vez consigue plasmar las posibilidades sugestivas de sus temas en forma tan vívida como lo había logrado Edgar Allan Poe; y buena parte de su obra contiene un cierto toque ingenuo, de prosaica angulosidad o provincialismo norteamericano que contrasta en cierta medida con los esfuerzos de los actuales maestros del terror. No obstante, el carácter genuino y artístico de sus tenebrosas concepciones es siempre evidente, por lo cual su grandeza no corre peligro de eclipsarse.

Visiones de la noche. Ambrose Bierce

Tengo la seguridad de que el don de soñar es un valioso tesoro literario, pues si con alguna técnica aún no descubierta pudiésemos captar, fijar y utilizar las insólitas imágenes que nos proporciona, tendríamos una literatura muy por encima de lo normal. Del mismo modo que los animales adiestrados adquieren nuevas capacidades y aptitudes, ese don podría mejorarse sensiblemente una vez capturado y domesticado. Con ello, doblaríamos las horas productivas y realizaríamos nuestra más fructífera labor mientras dormimos. Pero, incluso en las condiciones actuales, el enigmático mundo de los sueños es un terreno que produce rentas, tal y como demuestra «Kubla Khan» de Samuel Coleridge.

¿Qué es un sueño?

Una desordenada disposición de recuerdos, en ocasiones, inconexos, una intrincada sucesión de pensamientos que una vez estuvieron presentes en la conciencia insomne. Es una resurrección de todos los muertos (pasados y recientes, justos e injustos) que, emergiendo de sus tumbas resquebrajadas «con las mismas ropas que llevaban en vida», corren desordenadamente para conseguir una audiencia del director de todo ese baile mientras se desgarran los vestidos unos a otros. Pero, ¿es que realmente hay un director? En absoluto; el que debía serlo renunció a su autoridad y la masa se ha apoderado de su voluntad. Murió, pero no resucita con los demás; su capacidad de juicio y de sorpresa se ha esfumado. Puede sentir dolor y alegría, terror y atracción, pero no asombro. Lo monstruoso, absurdo y antinatural se convierte entonces en sencillo, correcto y razonable. Ni lo ridículo divierte ni lo imposible desconcierta. El único poeta verdadero que encontramos es, pues, el soñador; en él «la imaginación es compacta».

Pero la imaginación no es otra cosa que recuerdo. Si no, intenta imaginar algo que nunca hayas visto, sentido, oído o leído. Prueba a concebir, por ejemplo, un animal que no tenga cuerpo, miembros o cola, o una casa sin paredes ni techo. Cuando estamos despiertos dirigimos y ordenamos nuestros pensamientos por medio de la voluntad y el juicio; seleccionamos y sacamos del almacén de los recuerdos aquello que nos sirve, y excluimos, no sin dificultad, lo que no nos interesa. Por el contrario, cuando dormimos nuestras fantasías nos *suceden*. Aparecen tan agrupadas y mezcladas, tan impregnadas de sus mutuos elementos, que el conjunto parece nuevo; pero las viejas y conocidas unidades de pensamiento son las mismas. Tanto despiertos como dormidos, lo que sacamos de nuestra imaginación son nuevas combinaciones; la *materia de la que están hechos los sueños* es reunida por los sentidos y almacenada en la memoria del mismo modo que las ardillas almacenan nueces. Pero hay al menos un sentido que no contribuye a la fábrica de los sueños: nadie ha soñado nunca un olor. La vista, el oído, el tacto, e incluso el gusto trabajan para asegurar nuestro entretenimiento nocturno; pero el sueño no tiene nariz. Sorprende que observadores tan sagaces como los antiguos poetas no describieran a la divinidad en actitud durmiente, y que sus obedientes siervos, los escultores, no la representaran. Puede que estos últimos, al trabajar para la posteridad, intuyeran que el tiempo y la fatalidad revisarían inevitablemente su obra, y por ello la conformaran a hechos naturales.

¿Quién es capaz de relatar un sueño de tal forma que lo parezca? No creo que exista un poeta con un estilo tan fino; es como intentar transcribir la música de un arpa eólica. Existe una especie conocida del género Pelmazo (*Penetrator intolerabilis*) que después de leer una narración (tal vez de algún gran escritor) se las ve y se las desea para exponer su argumento con el fin de instruir y deleitar. Al final considera (¡qué buen espíritu!) que no hace falta leerla. «Bajo condiciones y circunstancias sustancialmente semejantes» (como reza una ley que rige el comercio interestatal) yo no debería incurrir en una falta similar.

Otro ejemplo de ironía y fino sarcasmo lo encontramos en el inicio de la siguiente narración:

Mi asesinato favorito. (Ambrose Bierce)

Tras asesinar a mi madre en circunstancias singularmente atroces, fui arrestado y enjuiciado en un proceso que duró siete años. Al nombrar el tribunal, el juez del Juzgado de Absoluciones señaló que el mío era uno de los más espantosos crímenes que había tenido que clarificar.

Ante esta afirmación, mi abogado se levantó y dijo:
- Si Vuestra Señoría me permite, los crímenes son horribles o agradables sólo por comparación. Si conociera usted los detalles del asesinato previo de su tío que cometió mi cliente, advertiría en su último delito (si es que delito puede llamarse) una cierta indulgencia y una filial consideración por los sentimientos de la víctima. La aterradora ferocidad del anterior asesinato era verdaderamente incompatible con cualquier hipótesis que no fuera la de culpabilidad, y de no haber sido por el hecho de que el honorable juez que presidió el juicio era el presidente de la compañía de seguros en la que mi cliente tenía una póliza contra riesgos de ahorcamiento, es difícil estimar cómo podría haber sido decentemente absuelto.

(...) Teniendo en cuenta todo lo dicho, no puedo dejar de pensar que el asesinato de mi tío William jamás ha sido superado por ninguno otro en su atrocidad artística.

Un incendio imperfecto   (Ambrose Bierce)

Una mañana de junio de 1872, temprano, asesiné a mi padre, acto que me impresionó vivamente en esa época. Esto ocurrió antes de mi matrimonio, cuando vivía con mis padres en Wisconsin. Mi padre y yo estábamos en la biblioteca de nuestra casa, dividiendo el producto de un robo que habíamos cometido esa noche. Consistía, en su mayor parte, en enseres domésticos, y la tarea de una división equitativa era dificultosa. Nos pusimos de acuerdo sobre las servilletas, toallas y cosas parecidas, y la platería se repartió casi perfectamente, pero ustedes pueden imaginar que cuando se trata de dividir una única caja de música en dos, sin que sobre nada, comienzan las dificultades. Fue esa caja musical la que trajo el desastre y la desgracia a nuestra familia. Si la hubiéramos dejado, mi padre podría estar vivo ahora. Era una exquisita y hermosa obra de artesanía, incrustada de costosas maderas, curiosamente tallada. No sólo podía tocar gran variedad de temas, sino que también silbaba como una codorniz, ladraba como un perro, cantaba como el gallo todas las mañanas -se le diera cuerda o no- y recitaba los Diez Mandamientos. Fue esta última maravilla la que ganó el corazón de mi padre y lo llevó a cometer el único acto deshonroso de su vida, aunque posiblemente hubiera cometido otros si le hubiera perdonado ese: trató de ocultarme la caja aunque yo sabía muy bien que, en lo que le concernía, el robo había sido llevado a cabo principalmente para conseguirla.

Mi padre tenía la caja de música escondida bajo la capa; habíamos usado la capa como disfraz. Me había asegurado solemnemente que no la había tomado. Yo sabía que sí, y sabía algo que, evidentemente, él ignoraba: o sea, que la caja cantaría con la luz del día y lo traicionaría si me era posible prolongar la división de bienes hasta esa hora. Todo ocurrió como yo lo deseaba: cuando la luz de gas empezó a palidecer en la biblioteca y la forma de las ventanas se vio oscuramente tras las cortinas, un largo cocorocó salió de abajo de la capa del caballero, seguido de algunos compases del aria de *Tannhäuser* y finalizando con un sonoro clic. Sobre la mesa, entre nosotros, había una pequeña hacha de mano que habíamos usado para penetrar en la infortunada casa; la tomé. El anciano, viendo que ya de nada servía esconderla por más tiempo, sacó la caja de música de entre su capa y la puso sobre la mesa.

- Córtala en dos si así la prefieres -dijo-. He tratado de salvarla de la destrucción.

Era un apasionado amante de la música y tocaba la armónica con expresión y sentimiento.

- No discuto la pureza de sus motivos: sería presunción de mi parte querer juzgar a mi padre. Pero los negocios son los negocios; voy a efectuar la disolución de nuestra sociedad a menos que usted consienta en usar en futuros robos un cascabel.

- No -dijo después de reflexionar un momento- no, no podría hacerlo, parecería una confesión de deshonestidad. La gente diría que desconfías de mí.

No pude dejar de admirar su temple y su sensibilidad; por un momento me sentí orgulloso de él y dispuesto a disimular su falta, pero un vistazo a la enjoyada caja de música me decidió, y, como ya lo dije, saqué al anciano de este valle de lágrimas. Una vez hecho, sentí una pizca de desasosiego. No sólo era mi padre -el autor de mis días- sino que sin dudas el cadáver sería descubierto. Era ya pleno día y en cualquier momento mi madre podía entrar a la biblioteca. Bajo tales circunstancias consideré que lo prudente era suprimirla a ella también, cosa que hice. Pagué luego a todos los sirvientes y los despedí.

Esa tarde fui a ver al Jefe de Policía, le conté lo que había hecho y le pedí consejo. Me hubiera resultado muy penoso que los acontecimientos tomaran estado público. Mi conducta hubiera sido unánimemente condenada y los periódicos la usarían en mi contra si alguna vez obtenía un cargo de gobierno. El Jefe comprendió la fuerza de estos razonamientos; él era también un asesino de amplia experiencia. Después de consultar con el Juez que presidía la Corte de Jurisdicción Variable, me aconsejó esconder los cadáveres en uno de los libreros, tomar un fuerte seguro sobre la casa y quemarla. Cosa que procedí a hacer.

En la biblioteca había un librero que mi padre había comprado recientemente a un inventor chiflado y que no había llenado de libros. El mueble tenía la forma y el tamaño parecidos a esos antiguos roperos que se ven en los dormitorios que no tienen armarios, pero se abría de arriba abajo como un camisón de señora. Tenía puertas de vidrio. Había amortajado a mis padres y ya estaban bastante rígidos como para mantenerse erectos, de modo que los puse en el librero, del que ya había sacado los estantes. Cerré la puerta con llave y pinché unas cortinitas en las puertecitas de vidrio. El inspector de la compañía de seguros pasó media docena de veces frente al mueble sin sospechar nada.

Esa noche, después de obtener mi póliza, prendí fuego a la casa. A través de los bosques me dirigí a la ciudad, que distaba dos millas, en donde me las arreglé para encontrarme en el momento en que la excitación causada por el fuego estaba en su punto más alto. Con gritos de aprehensión por la suerte de mis padres me uní a la multitud y llegué con ellos al lugar del incendio, unas dos horas después de haberlo provocado. La ciudad entera estaba allí cuando llegué precipitadamente. La casa estaba completamente consumida, pero en el extremo del lecho de encendidas ascuas, enhiesto e incólume, se veía el librero. El fuego había quemado las cortinas, pero dejó a la vista las puertas de vidrio, a través de las cuales la fiera luz roja iluminaba el interior. Allí estaba mi querido padre "igualito a cuando vivía", y al lado su compañera de pesares y alegrías. No tenían ni un pelo chamuscado y las vestimentas estaban intactas. Las heridas eran evidentes en sus cabezas y gargantas, que en la culminación de mis designios me había visto obligado a infligirles. La gente guardaba silencio como en presencia de un milagro. El espanto y el terror habían atado todas las lenguas. Yo mismo me sentía muy afectado.

Unos tres años después, cuando los acontecimientos aquí relatados habíase borrado casi de mi memoria, fui a Nueva York para ayudar a pasar algunos bonos estadounidenses falsos. Cierto día, mirando distraídamente una mueblería, vi una réplica exacta de mi librero.

- Lo compré por muy poco dinero a un inventor que abandonó el oficio -me explicó el vendedor-. Decía que era a prueba de fuego porque los poros de la madera fueron rellenados a presión hidráulica con alumbre y el vidrio está hecho de asbesto. No creo que sea realmente a prueba de fuego... se lo puedo dar al precio de un librero común.

- No -le dije- si usted no puede garantizar que es a prueba de fuego, no lo llevaré.

Y le di los buenos días.

No lo hubiera llevado a ningún precio, me despertaba recuerdos altamente desagradables.

*

El patriota ingenioso   (Ambrose Bierce)

Después de haber obtenido una audiencia con el Rey, un Patriota Ingenioso sacó un papel del bolsillo y dijo:
- Dios bendiga a Su Majestad. Aquí tengo una fórmula para construir una armadura blindada que ningún cañón podrá perforar. Si esta armadura es adoptada por la Armada Real nuestras naves de guerra serán invulnerables y por ende invencibles. Aquí también están los informes de los Ministros de Su Majestad atestiguando los méritos de la invención. Cederé lo derechos sobre ella por un millón de tumtums. Después de examinar los papeles, el Rey los hizo a un lado y le prometió una orden para el Ministro Tesorero del Departamento de Extorsión por un millón de tumtums.

- Y aquí -dijo el Patriota Ingenioso, sacando otro papel de otro bolsillo- están los planos de un cañón que he inventado que puede perforar esa armadura. El hermano real de Su Majestad, el Emperador de Bang, está ansioso por adquirirlo, pero mi lealtad hacia el trono de Su Majestad y hacia su persona me obliga a ofrecerlo a Su Majestad. El precio es de un millón de tumtums.

Después de recibir la promesa de otra letra introdujo la mano en un bolsillo diferente a los dos anteriores y remarcó:
- El precio del cañón irresistible debió haber sido mucho mayor, Su Majestad, pero el hecho es que los misiles pueden ser tan efectivamente desviados por mi nuevo método de tratar las armaduras blindadas con…
El Rey indicó al Gran Factótum que se aproximara.
- Revisa a este hombre -le dijo- y dime cuántos bolsillos tiene.
- Cuarenta y tres, señor -dijo el Gran Factótum, completando su escrutinio.
- Dios bendiga a Su Majestad -gritó el Patriota Ingenioso, aterrorizado-. Uno de ellos contiene tabaco.
- Sosténganlo por los tobillos y sacúdanlo -ordenó el Rey-, luego denle una orden por cuarenta y dos millones de tumtums y mándenlo a decapitar. Emitamos un decreto castigando la ingeniosidad con la pena capital.

*

CHARLES FOURIER (1772-1837)

Fourier fue un pensador socialista francés, nacido en Besançon. Empresario arruinado en la época de la Revolución, vivió con muchas dificultades económicas trabajando como modesto oficinista. Durante toda su vida tuvo una formación autodidacta, absorbiendo a través de la lectura las influencias de diversas corrientes del siglo XVIII y en especial de Rousseau. Habiéndose dado cuenta durante su adolescencia de que el oficio de comerciante no consistía sino en el arte de mentir, juró un odio eterno al comercio.

Charles Fourier fue un pionero de la crítica sistemática de la nueva sociedad industrial capitalista y liberal, por lo que se le encuadra entre los llamados socialistas utópicos, junto a Saint Simon, Owen y Proudhon. Buen conocedor de la especulación comercial, atribuyó a la mala organización del intercambio muchos males del mundo moderno. Propuso un sistema de organización social basado en la libre asociación de hombres libres atraídos por el "juego de pasiones". Para ello ideó unas comunidades modélicas, llamados *falansterios*, una especie de cooperativas de producción y consumo donde regiría la armonía social; este proyecto utópico sería puesto en práctica sin demasiado éxito a mediados del siglo XIX en Francia y Estados Unidos por sus discípulos, en especial Víctor Considérant. Entre las obras de Fourier destacan, "El nuevo mundo industrial", "La falsa industria", "Teoría de los cuatro movimientos" y "Nuevo mundo amoroso".

André Breton dijo de él: *"A nadie veo sino a Charles Fourier lo bastante revolucionario para haber sostenido y hecho sensible que todo el desarrollo cultural de la humanidad se ha efectuado en un sentido que no responde a ninguna necesidad interna, sino bajo presiones que hubieran podido igualmente ser otras y ejercerse de manera diferente".*

Uno de los aspectos más audaces del pensamiento de Fourier es su completa suspensión del tabú referente a la sexualidad, suspensión que llevó a sus propios discípulos a censurar considerablemente sus escritos. El autor nos enseña a confiar en el cuerpo y en sus impulsos; al exaltar la desviación de todas las morales, nos muestra que el camino más corto entre dos seres humanos es el de la atracción apasionada. Los sueños de Fourier no son fantasías: son la crítica de la sensibilidad y la espontaneidad contra las camisas de fuerza de los sistemas y las abstracciones. Como en Sade y

Freud, su crítica de la civilización parte del cuerpo y sus verdades, pero a diferencia de ellos, que no hay huella de moral judeo cristiana.

"Sólo he conseguido confundir veinte siglos de imbecilidad política y las generaciones actuales y futuras sólo a mí deberán la iniciativa de su inmensa felicidad. Antes de mí, la humanidad ha desperdiciado varios miles de años luchando locamente contra la Naturaleza. Soy el primero en doblegarme a ella al estudiar la atracción, órgano de sus decretos; y ella se ha dignado sonreír al único mortal que le rindió culto y me ha entregado todos sus tesoros. Poseedor del libro de los destinos, vengo a disipar las tinieblas políticas y morales, y sobre las ruinas de las ciencias inciertas elevo la teoría de la Armonía Universal."

A partir de este momento y hasta su muerte, habrá dos Fourier, uno de los cuales es el opuesto al otro: el empleado puntual, dedicado a las atenciones mediocres y el visionario convencido de que trae a la humanidad sufriente un mensaje de salvación.

"La vida es un largo suplicio para el que ejerce funciones sin atractivo. Todo el género humano se encaminará a grandes pasos hacia la verdadera perfectibilidad, que consiste en aumentar la salud, la riqueza, la voluptuosidad y la justicia".

Sin embargo, entre sus peores locuras puede uno encontrar intuiciones asombrosas. Así como Fourier presiente que las formas de la materia reconocidas en su tiempo, el aire, el agua y la tierra, son insuficientes para agotar la realidad material, inventa un cuarto estado de la materia que llama "estado aromal", que atribuye a los planetas. Los doce aromas que están en relación a las doce pasiones, le sirven para explicar cómo se nutren los planetas y cómo nutren a su sol, y para explicar también todos los fenómenos físicos desconocidos, que echa en cara a los físicos por no haber estudiado aún: en particular los fenómenos del magnetismo. Hay aquí una anticipación todavía confusa de la electricidad, de la radioactividad y de los rayos cósmicos. Y aún más, Fourier prevé tímidamente la telegrafía inalámbrica y la televisión por la utilización de lo que él llama los "cascos atmosféricos". Tal previsión debió de parecer una pura extravagancia a los lectores de 1836, tomado como un producto de una audacia imaginativa y a la confianza en el poder ilimitado de la ciencia humana por parte del autor.

Toda la filosofía moral y social de Fourier puede resumirse en la fórmula de los antiguos griegos: *"Vivir conforme a la naturaleza"*.

Según Fourier, cuando el hombre está en guerra con Dios, o dicho de otra manera, cuando las sociedades humanas no están regidas conforme a las leyes matemáticas de la atracción universal, la tierra está enferma y como todo está entrelazado en el universo, la naturaleza sufre y todo es desorden y anarquía. Esto es lo que se produce en el régimen actual de la civilización.

Este prodigioso porvenir depende por completo de la fundación del primer falansterio, que a su vez depende de la buena voluntad del primer capitalista que quiera arriesgar algunos millones en la empresa y al cual diariamente, durante diez años, estuvo esperando Fourier cada mediodía, en la calle de Saint Pierre Montmartre.

"Al reformar la sociedad no se trata de ninguna manera de cambiar la naturaleza humana; basta revelarla al hombre y aprender a utilizarla, es decir, a crear instituciones que no estorben pasión alguna de hombre alguno. Como es evidente que los hombres no son idénticos los unos a los otros, sino que difieren física, moral y socialmente, no se trata ya de sujetarlos a una igualdad que será forzosamente artificial y de espoliación; es preciso aprovechar las desigualdades, las disparidades y los contrastes para armonizarlos: en sociología, como en música, los acordes están hechos de desacordes y la armonía de disonancias".

Estas instituciones minuciosamente dosificadas y amorosamente adornadas por Fourier, son las del falansterio. Él no tiene ninguna duda que el falansterio sea la organización futura de la sociedad humana y que los hombres deben llegar a él tarde o temprano.

¿Cómo ha ideado el falansterio?

Los Falansterios, o falanges, son comunidades pensadas y fundamentadas en la idea de que cada individuo trabajaría de acuerdo con sus pasiones y no existiría un concepto abstracto y artificial de propiedad, privada o común.
Se trata de comunidades rurales autosuficientes, que serán la base de la transformación social. Los falansterios se crearan por la acción voluntaria de sus miembros y nunca deben estar compuestos por más de 1.600 personas, que vivirán juntas en un edificio con todos los servicios colectivos. Todas las personas son libres de elegir su trabajo, y lo podrán cambiar cuando quisieran. Fourier, trató de resolver todos los problemas de la sociedad mediante la construcción de un elaborado sistema de organización social, en el que toda persona, actividad o cosa, ocupaba por anticipado un lugar bien determinado. Fourier partía de la creencia de que el ser humano es intrínsecamente bueno, porque es depositario de una armonía natural que refleja la armonía del universo. El problema estaba en la sociedad existente, que impedía el desarrollo completamente libre de las cualidades del ser humano. Para resolverlo planteó la construcción de una rígida comunidad liberadora, el falansterio con una unidad social mínima de unas 1.000 personas, con tierras para agricultura y para diversas actividades económicas, para viviendas y para la gran casa común. Todo estaba reglado, todo debía seguir un orden muy particular, incluso el amor y el sexo. Todo estaba pensado para una vida cómoda y con el mayor placer. Las personas trabajarían en función de su

capacidad y recibirían en función de sus necesidades; así pues, una persona joven trabajaría más que una persona anciana y éstas recibirían más porque tiene un mayor número de necesidades que la persona joven. La jornada de trabajo será siempre extremadamente corta, de una hora y media a dos horas como máximo.

En la práctica, sin embargo, sólo hubo una experiencia de falansterio en Francia y fracasó inmediatamente; además, hubo otro intento de crear un falansterio en España, promovido por Joaquín Abreu en Tempul, cerca de Jerez de la Frontera. En Europa, la importancia del fourierismo declinó rápidamente, pero en Norteamérica tuvo una buena acogida y gozó de cierto prestigio intelectual. La idea de una forma de vida cooperativa resultó atractiva para mucha gente en una época de depresión económica. En poco tiempo se crearon entre 40 y 50 falansterios, aunque sólo tres sobrevivieron más de dos años. El más exitoso fue el llamado North American, que se disolvió después de un aparatoso incendio que acabó con sus bienes. Como en el caso de las comunidades creadas por Owen, el fracaso de estos falansterios, más allá de sus dificultades intrínsecas, se debió a su rápido crecimiento, que atrajo en poco tiempo a gran cantidad de personas poco preparadas y aún menos comprometidas.

En cuanto a la elección entre los aspirantes a formar parte del falansterio hay que diferenciar entre pretendientes ricos y pobres y la selección debía hacerse, fijándose en ciertas cualidades que la civilización considera viciosas o inútiles. Tales son: la fineza del oído musical, cultura en el seno de las familias, aptitud para las bellas artes y seguir varias reglas opuestas a las ideas filosóficas (preferir las familias con pocos hijos, introducir un tercio de célibes, buscar los caracteres tildados de caprichosos y establecer la escala graduada en edades y fortunas).

El edificio ideado y que conforma una *Falange* no tiene ninguna semejanza con las construcciones habituales de la ciudad y campiña; y para fundar una gran armonía de mil seiscientas personas, no se podrá hacer uso de ningún edificio reciclado. Solamente podría aprovecharse uno u otro fundando una Armonía mínima de 200 y todo lo más 400 personas. Los alojamientos, plantaciones y establos de una sociedad que opera por series de grupos, deben diferir prodigiosamente de nuestras ciudades y pueblos poblados por familias que no tienen ninguna relación socialista y que obran contradictoriamente: en vez de ese caos de casetas que rivalizan en suciedad y deformidad de nuestros pueblos.

El edificio debe ser tan regular como lo permita el terreno y he aquí un proyecto de su distribución:

El centro del palacio o falansterio, debe dedicarse a las funciones apacibles, comedores, Bolsa, biblioteca, salas de reunión y de estudio, etc. En ese centro estará el templo, la torre del vigía, el telégrafo, las palomas mensajeras, el observatorio, la campana de ceremonias y el patio de invierno, adornado con plantas resinosas y situado al respaldo del patio principal. Una de las alas debe reunir todos los talleres ruidosos, como carpintería, herrería, etc., y todas las reuniones infantiles que son tan bulliciosas en industria como en música. Se evitará con esta reunión uno de los más molestos inconvenientes de nuestras ciudades civilizadas, donde se encuentran en cada calle obreros de martillo, forjas o aprendices de clarinete, que rompen el tímpano de cincuenta vecinos. La otra ala debe contener el hospedaje para viajeros, con salas de baile y de reunión de extranjeros a fin de que no asalten el centro del palacio, ni molesten la vida doméstica. El falansterio, o edificio de la *Falange*, deberá constituirse con materiales de poco valor: maderas, hierro, para paulatinamente por ampliarlo en función de las necesidades.

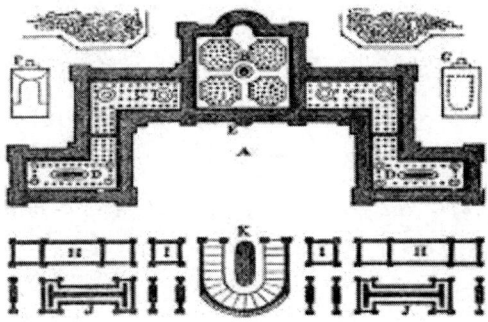

FALANSTERIO DE FOURIER

Desde 1820 su idea ha quedado completamente dibujada y proclama con toda certeza que *"la ciudad futura es la floración plena y completa del hombre con todas sus funciones, con todas sus aspiraciones físicas y morales. En el falansterio todos los individuos tendrán acceso a la felicidad total, que es el único objeto de la vida. La faz del mundo cambiará bruscamente. Cuatro años después todos los pueblos habrán adoptado el régimen falansteriano y la humanidad inaugurará la era de la abundancia".*

En 1822 esboza su gran *Tratado* (un catálogo de candidatos posibles), y en 1835 se veía cada día en París a un pulcro viejecito de corbata blanca y levita negra, abandonar su humilde habitación y dirigirse hacia un café del Palais Royal. Allí se sentaba, leía el periódico y tomaba su café. Después se dirigía hacia una cita iniciada diez años antes, diariamente. Esperaba la entrevista con uno de sus cuatro mil mecenas que había escrito y que podían financiar su proyecto de "el falansterio de la felicidad". En la calle y en su buardilla esperó inútilmente la llegada de Chateaubriand, Bolívar, lady Byron, George Sand, ministros, príncipes y emperadores. Nadie acudió jamás.

Fourier se paseaba con una cinta métrica midiéndolo todo, puertas, ventanas, plazas y farolas; el inventor que a veces se pasaba seis o siete noches sin dormir proyectando, ebrio de su fiebre especulativa, el amante de las flores, la música y los gatos, que detestaba a los perros y le irritaban los niños y las arañas, murió tal como vivió: terriblemente solo. Cuando enfermó se negó a recibir a los médicos que había criticado. El 11 de octubre de 1837, su portera le halló muerto de rodillas y con su levita, apoyado al borde de la cama. Las flores que tanto amaba y que llenaban su humilde habitación, no se habían marchitado.

*

"**Harmonía**" es un grupo de colonias fundadas a mediados del siglo XIX. La situación geográfica no es conocida porque sus miembros juran mantenerla en secreto, pero se sospecha que puede encontrarse en un valle cerca de Bruselas o en las afueras de Lausana. Cada colonia está integrada por unos 1600 miembros que poseen todo en común y comparten una espaciosa vivienda con todo lo necesario para disfrutar de la vida. Las colonias se comunican entre sí mediante el telégrafo, un observatorio y una torre de señales.

La vida comunitaria se caracteriza por la ausencia total de represión y libertad total para todas las pasiones humanas. El viajero observará que lo que en su país se considera cortesía y buena educación, en Harmonía resulta anormal y grosero. Por ejemplo, son allí ciudadanos ejemplares los niños que disfrutan revolcándose por el barro y porque encuentran divertida la insalubridad; disfrutan montados en sus ponis, vestidos de húsares y al son de trompetas, campanas, címbalos y otros instrumentos. La organización de la vida en la Colonia está basada en un número de grupos o series de individuos clasificados según sus pasiones. Sin embargo, un día cualquiera, las vivencias pueden llevar a sus habitantes de un grupo a otro. Jamás se trabaja dos días seguidos en el mismo trabajo, un mismo juego o una misma satisfacción.

Charles Fourier fue un idealista, contestatario, inconformista y marginal con las ideas clarísimas sobre las anomalías y defectos del sistema social.

"Los comerciantes son enemigos de los consumidores; sólo son parásitos que sin producir nada les quitan con sus gastos la mayor parte del beneficio y despojan con sus extorsiones al productor, al consumidor y al gobierno, bajo el pretexto de abastecerlos. La chapuza domina en todas partes. La división del trabajo arruina el organismo. El progreso industrial crea otro tipo de miseria obrera. Con este Sistema no hay verdadera libertad".

"El mundo al revés: esta es una sociedad de parásitos. Parásitos domésticos, sociales, empleados fiscales, manufactureros, comerciantes, desocupados legales, ociosos y subvencionados".

"La tierra no ofrece más que un espantoso caos de inmoralidad, y la civilización, en las proximidades de su fin, se hace más odiosa. La pobreza surge en la civilización, de la misma abundancia".

"El objeto de la transformación social es identificar el interés individual con el colectivo de tal manera que el hombre no pueda encontrar beneficio sino en las operaciones que benefician a la masa entera".

La utopía de Fourier consistió en creer que era fácil esta transformación total de la sociedad, únicamente por las virtudes de la propaganda y del ejemplo. Su idea estaba totalmente en contradicción entre su objeto, que es revolucionario, y sus medios, que no lo son. No se equivocaba sobre el objeto, se equivocaba sobre los medios.

*

Ulises desea escuchar, aún a riesgo de la vida, el canto de las sirenas.

"La obediencia es la muerte. Cada instante en que el hombre se somete a una voluntad extraña es un instante arrancado a su propia vida."

Alexandra David-Néel

ALEXANDRA DAVID-NÉEL (1868-1969)

Nace en Saint-Mandé, Francia, en una familia acomodada que dejará de joven para viajar por Europa, la India y norte de África, trabajando como periodista, actriz y cantante lírica. En el año 1900, en Túnez, conoce a Philippe Néel con quien se casa, lo cual le permite realizar grandes viajes asiáticos durante más de treinta años, viajando a pie por los países e incluso mendigando. En 1945 regresa a Francia y se instala en una casa: la Fortaleza de la Meditación, donde escribe y divulga sus experiencias, viajando hasta su muerte a los 101 años en 1969. Fue la primera mujer occidental que llegó a los santuarios del Tibet y llegó a ser una gran experta en budismo.

¿Quién era Alexandra David Néel? Una exploradora, novelista, orientalista y filósofa; y sobre todo una persona llena de vida preocupada por buscar y dar sentido a las manifestaciones de la existencia humana. Su intención era una obstinada experimentación de la libertad, del alma y de la existencia, las cuales, son una sola y misma búsqueda. Con una curiosidad intelectual extrema, puso su punto de mira en Oriente, cuya sabiduría le fascinaba y *"liberaba su espíritu de la podredumbre de la razón"*. Se convirtió al budismo en 1911.

Con tan sólo 21 años escribió *"Elogio a la vida"* texto algo ingenuo pero al mismo tiempo de una radicalidad extrema contra cualquier forma de poder impuesto, como la religión, moral o patria. El manuscrito no se publicará hasta diez años después y durante los acontecimientos de mayo de 1968 en París, cuyo movimiento secundó, quiso que se reeditara este libro de juventud.

"El objetivo del hombre es ser él mismo, y consiste en no estar muerto aparentando vivir"
"La única ley de los seres, demostrada y confirmada por el estudio y la experiencia, es el deseo vital, la búsqueda de la satisfacción de todas las facultades, como medio para vivir plenamente y la lucha contra cualquier forma de sufrimiento. Que cada cual siga enteramente, siempre y en cualquier parte, el impulso de su naturaleza, ya sea ésta limitada o genial. El hombre no depende ni de amos, ni de jueces, ni de una supuesta conciencia; depende únicamente del saber. La ciencia,

la libre investigación, crea hombres vivos y capaces; la obediencia crea muertos".

En sus escritos, la autora sostiene que la ignorancia y las supersticiones religiosas han producido funestas aberraciones. Parece como que los hombres se hayan avergonzado de reivindicar o proclamar su derecho absoluto a la vida, a toda la vida del cuerpo fuera de la cual, por mucho que digan, no hay vida espiritual. Para la humanidad entera, la ignorancia es el amo que no les deja comprender ni desear. Algunas de las causas nocivas para la libre expansión de la existencia humana es la creación de muchas personalidades convencionales que se han inventado: el bien y el mal, el honor, el deber, la virtud... representan en su origen, la expresión de la voluntad de un poder superior al hombre.

"La sociedad está hecha para el hombre y no el hombre para la sociedad. Lejos de tener que inclinarse ante la autoridad impersonal de las agrupaciones, el hombre debe sacrificar sus intereses ficticios a la satisfacción de sus necesidades. Cuando la sociedad pone trabas a su libertad y contraría sus aspiraciones, debería abandonarla ya sea procurando otra agrupación o viviendo solo, según su deseo. Jamás el individuo deberá entregar sus deseos a una abstracción, ni soportar que ésta le imponga el cumplimiento de actos cuya necesidad no siente".

Pocas personas comprendían los verdaderos motivos de los viajes de Alexandra. Todo viajero persigue un objetivo o un pretexto para viajar y el de ella no era ni geográfico, ni naturalista, ni escapar. Su razón era recoger manifestaciones del pensamiento humano e intentar comprender el misterio del mundo para aliviar el miedo al sufrimiento y la muerte. Ni el ciudadano francés ni la comunidad intelectual de posguerra (1945), sentían el menor interés por la "exploración interior" de esta mujer. ¿Cómo podía subsistir? Si hubiera sido hombre, algunas universidades le habrían ofrecido trabajo como profesor o investigador de estudios orientales, pero a falta de cualquier posibilidad, tuvo que aceptar los encargos literarios para sobrevivir, en donde narra con pasión sus experiencias y sus viajes: una treintena de libros con una buena acogida literaria de los cuales destacan. *"Viaje a Lhasa"*, *"Magos y místicos del Tibet"*, y *"En el corazón del Himalaya"*.

El público aceptó sus relatos de aventuras, de magia y ritos exóticos a lugares fantásticos que podían visitar desde casa. Tenía muchos seguidores y sus conferencias por Europa siempre despertaban gran interés. Cuando murió dejó inconclusas cuatro obras importantes, pero nunca llegó a completar la investigación que había sido el verdadero motivo de sus viajes.

La biógrafa norteamericana Ruth Middleton, en su libro *"Alexandra David-Néel"* reflexiona sobre la utilidad de sus experiencias:

Las personas que se interesan por la vida de Alexandra, suelen plantearme la siguiente pregunta: ¿Le aportaron los años de esfuerzo e investigación la paz mental? ¿Logró la iluminación? Alexandra misma habría dudado antes de responder. Es verdad que su devoción al budismo nunca flaqueó. **El budismo es, ante todo, una forma de vida, un camino a seguir, no un tema de especulación o consideración filosófica.** Y es evidente que Alexandra siguió ese camino hasta el final, sin desviarse nunca de su fidelidad a los principios de tolerancia, compasión e investigación franca y objetiva. Cuestionó y analizó sus ideas, opiniones y sentimientos antes de aceptarlos. Disfrutó siempre analizando el significado de todo. ¿Cuál fue, entonces su logro espiritual? La palabra "espiritual" aplicada al budismo puede ser un concepto confuso. En el contexto dualista cristiano significa lo contrario de lo físico y lo material. La persona espiritual es alguien capaz de trascender a diario la realidad mundana y existir en un nivel superior de conciencia. Este modelo ha impuesto en parte, la castidad, la sobriedad y la seriedad como opuesto a la sexualidad y la aceptación de los placeres terrenales y la flaqueza humana. **El objetivo del budismo no es una huida, sino un compromiso con la vida de este mundo.** Un camino y una senda a seguir. Alexandra insistió en que los "altos muros" de la ética judeo-cristiana que resguardan la vocación monástica en Occidente eran una protección innecesaria para quienes seguían el Camino budista. Era preciso mirar cara a cara a la vida y buscar la verdad con una actitud liberal y receptiva.

Poco antes de morir le preguntaron qué creía haber logrado en el campo del conocimiento. Contestó que **en realidad no sabía absolutamente nada y que estaba empezando a aprender.** ¿Qué mayor triunfo podría alcanzar un devoto budista que conservar la mentalidad del principiante a los cien años?

"Jamás pretendí enseñarte nada. Simplemente te invité a considerar, a dudar y a buscar".

*

ANITA BERBER   (1899-1928)

El 10 de noviembre de 1928 falleció en Berlín, víctima de la tuberculosis, la bailarina y actriz alemana Anita Berber. Tenía 29 años.

Anita Berber fue una de las personalidades más fascinantes de la Alemania "expresionista" y decadente en los años 20. Había nacido el 10 de junio de 1899 en Leipzig, en el seno de una familia de artistas, pues su padre (Félix Berber) era violinista, y su madre (Lucie Berber) era cantante de cabaret. Sus padres se separaron cuando ella era muy pequeña y pasó a vivir con su abuela en Dresde, la mayor parte del tiempo.

Inclinada desde niña al baile, en su adolescencia estudio bajó la dirección de Rita Sacchetto musa y amante de Gustav Klimt y más tarde con Emile Jacques-Dalcroze. Comenzó a bailar profesionalmente en 1917 en Berlín, y muy pronto se convirtió en una gran estrella conocida por todos. En esta época también posaba como modelo para revistas de moda como Die Dame (La Dama) y Elegante Welte (Mundo elegante). En 1919 se casó con un hombre rico llamado Eberhard von Nathusius, con la intención de escapar del hogar y ganar independencia. El matrimonio con Nathusius no le impidió seguir teniendo múltiples aventuras tanto con hombres como con mujeres, como por ejemplo Susi Wanoswsky, propietaria de un club de ambiente lésbico en Berlín.

Berber participó en numerosas películas mudas, destacando varios trabajos con el director y productor Richard Oswald, como por ejemplo el film titulado "Diferente a los demás" (1919), considerada una de las primeras películas de la historia que presenta la homosexualidad de forma positiva, o también "Eerie Tales" (1919), una película de misterio consistente en cuatro episodios y que tuvo mucho éxito. Berber también hizo un pequeño papel en la película "Dr. Mabuse" (1922) de Fritz Lang, una de las obras cumbres del expresionismo alemán.

No obstante su mayor notoriedad la alcanzó en el baile, donde su estilo rupturista y transgresor fascinó al público y generó una gran controversia. Anita introdujo en el escenario un erotismo ostentoso, así como una imaginería grotesca y macabra, en unos espectáculos que incluían música de grandes compositores como Debussy o Strauss; llegaba incluso a bailar desnuda en el escenario. Sus detractores la consideraban vulgar y de mal gusto, mientras que sus seguidores la admiraban por su sofisticación y atrevimiento.

En 1922 contrajo matrimonio por segunda vez con Sebastián Droste, un escritor y bailarín muy vinculado al mundo underground y con el que realizaría tal vez sus mejores trabajos. Ambos hicieron juntos diversos espectáculos como "Suicidio", "Morphium" o "Casa de locos". En 1923 publicaron un libro de poesía, dibujos y fotografías titulado "Danzas de vicio, horror y éxtasis", repleto de imaginería expresionista y barroca y basado en uno de sus espectáculos, que ofrecía una mirada cínica sobre sus experiencias personales y artísticas.

El matrimonio con Droste también se acabó rápido, y en 1924 se casó con un bailarín norteamericano llamado Henri Chatin-Hoffman, probablemente gay. Ambos viajaron por toda Europa, realizando numerosas actuaciones y dando mucho que hablar por sus escándalos, que incluían lesbianismo, drogas y orgías en los hoteles. Todo esto era recogido profusamente por los anuncios y prensa de la época.

Tantos excesos le acabaron pasando factura a Berber, deteriorándola física y mentalmente. Por esta época el pintor Otto Dix hizo varios retratos de ella en los que la presenta envejecida, demacrada y con todo el aspecto de una vampiresa y drogadicta. Estos retratos acabaron consolidando su reputación como un icono del Berlín decadente y libertino de la época, que muchos consideraban la Sodoma y Gomorra del siglo XX, y que acabó trágicamente con la llegada de los nazis al poder en 1933. Sin embargo Berber no llegó a ver el ascenso de los nazis al poder. En 1928 mientras realizaba una gira por varios night-clubs de Oriente Medio, enfermó de tuberculosis y su salud de deterioró rápidamente.

Gracias a unos amigos pudo retornar a Berlín, donde murió en un hospital el 10 de noviembre de 1928. Tenía sólo 29 años pero aparentaba muchos más. Un año después de su muerte, Leo Lania publicó una biografía que recogía los aspectos más sensacionalistas de su vida. Este libro contribuyó a forjar la imagen de Berber como un mito decadente. En 1987 se estrenó una película titulada "Anita, las danzas del vicio" y dirigida por Rosa Von Praunheim, film interesante aunque en su día no tuvo gran éxito. Hay un libro sobre Anita Berber publicado por Mel Gordon y titulado "Las siete adicciones y cinco profesiones de Anita Berber".

Aunque en su época Berber era conocida más por sus provocaciones y sus escándalos, recientemente varios estudiosos han rescatado y reivindicado sus logros artísticos y su contribución a la danza y el arte modernos, y también su significación como parte del cambio cultural a favor de una sexualidad desinhibida y de la libertad e independencia de las mujeres. Anita Berber fue la mujer más escandalosa en la Alemania de los años 20. A su lado Madonna o Kate Moss no dejan de ser inocentes colegialas.

Anita Berber aunque fuera de una manera muy peculiar, fue una contestataria. Una rebelde que escogió vivir en la extravagancia y para el placer. Buscó su lugar transgresor en una sociedad cambiante que deseaba suprimir una moral y una ética consideradas caducas. Su actitud rebelde puede ofender o desconcertar a algunos, pero no cabe duda que era su libre opción y la sociedad del momento la avaló. Actualmente este tipo de personajes esperpénticos y mediáticos continúan existiendo aún con mayor abundancia.

Poema:
Salto sobre la sombra.
Esa sombra que me tortura.
Esa sombra que me martiriza.
Esa sombra que me devora.
¿Qué desea esa sombra?
Cocaína,

Gritos,
Animales,
Sangre,
Alcohol,
Dolores.

Berber enganchada a la vida, además de ser promiscua, cocainómana, bailarina e icono del expresionismo y síntesis de la decadencia, también escribía poesía. Llevaba al límite de sus fuerzas la danza retando al riesgo, revolucionando su arte, bailando desnuda en cabarets y protagonizando todo tipo de escándalos: arrojaba a los críticos botellas de champaña vacías, se enamoraba de hombres y mujeres, se hundía en montañas de cocaína y danzaba vestida de hombre o con un corsé de alambre y el pecho desnudo. No se necesita hacer demasiado esfuerzo para imaginar el ritmo de vida que debió llevar Anita para que tan joven tuviera el aspecto que le da Dix en el retrato; parece mucho mayor, está demacrada, con líneas que profundizan su agota-miento, los ojos vidrioso delatan la explotación que hacía de su cuerpo. Interpretó a Salomé con una adaptación de la Opera de Strauss, decidió una perspectiva diferente y ubicó la violencia de la hija de Herodías, en esa parte que une las dos piernas como columnas de mármol veteadas por las venas azules, *"donde los muslos se parecen a vigas extáticas que llevan el sexo terrible sobre un balcón desvergonzado"*, escribe Mel Gordon. Ese sexo voraz pidió la cabeza del profeta, bailó con un ánfora cubierta de sangre y lentamente se acercó a olerla, se detiene paralizada y cierra los ojos en un orgasmo. La condena de la lujuria. El público la aplaudía y le exigía más y más provocación. Coreografías sadomasoquistas con fuerza bisexual, eran llevadas hasta sus últimas consecuencias, los temas eran una excusa para explotar la profundidad oscura de sus impulsos violentos convertidos en ceremonias paganas de placer. Era apenas tres años mayor que la famosa directora de cine Leni Reinfestahl, pero Berber ya era una estrella en el ámbito artístico de Alemania, sus fans se peleaban por entrar a sus espectáculos, era una autoridad de la moda que imponía su estilo para vestir y para vivir hasta el límite. Leni Reinfestahl estaba obsesionada con Anita y se dedicó a imitarla, llegando al borde de la locura el día que la Berber se iba a presentar en la escuela de danza donde estudiaba Leni. Pero por una de sus tantas borracheras, Anita no asistió al compromiso y entonces Leni, oportunista desde jovencita, se lanzó a sustituirla en el escenario, imitándola con total falta de talento para la danza.

"Un jardín lleno de orquídeas, las amo intensamente, para mí son como mujeres y muchachos, que beso y pruebo de principio a fin, y mueren en mis labios rojos".

Anita Berber, Poemas.

Anita esperaba que llegara la hora de su actuación sentada en un sillón, desnuda, cubierta con una bata ligera y su mascota a un lado. En esos años la danza se dividía entre las manifestaciones populares en los cabarets que atiborraban en Berlín homosexuales, lesbianas, intelectuales y una generación con sed de vivir experiencias. El tango y el foxtrot convivían con el boom de la danza clásica de los ballets rusos, artistas como Nijisky habían roto con los cánones férreamente establecidos y crearon coreografías sensuales y provocadoras. La americana Isadora Duncan se deshizo de las zapatillas para bailar descalza, cubierta de velos y túnicas estilo griego. La danza era una bacanal y trasformaron una de las disciplinas más rígidas, cambiando el dolor físico y los sacrificios, convirtiéndolo en un hedonismo salvaje. Estas influencias las absorbió Berber, que estudió con un método de improvisación musical a través del movimiento; una propuesta que hacía del ritmo, algo orgánico y natural; la emoción se involucraba con la expresión musical. Esto Anita lo tradujo en emoción corporal. Con esta teatralidad creó un estilo sexual, en el que la sordidez de sus experiencias y de la sociedad desenfrenada que vivía, eran los temas principales. En 1919 montó en Berlín una coreografía sobre una pieza inspirada en el erotismo bisexual de las pasiones en el Imperio Romano. Anita interpretó al emperador Heliogábulas, una mezcla de Calígula y Mesalina. Berber mantenía el equívoco de ser mujer e interpretar a un hombre para excitar el público que la veía seducir bailarinas y sacrificarlas como sacerdote que exige vidas para que el Sol siga iluminando. El placer es masoquista.

Esta promiscuidad la involucraron con un cuerpo que se convirtió en una herramienta y un laboratorio, experimentaba y provocaba al espectador, en ocasiones era violenta, golpeaba a sus parejas y en otras se dejaba martirizar sin perder la puesta en escena de la coreografía. Se hacía fotografías desnuda en diferentes poses y circulaban en el mercado como posters de una estrella. La adicción no es un amante, es un tirano, y Anita era adicta a esa sensación de la urgencia de poseer y esa orden la llevaría a realizar peligrosas barbaridades. Ese apetito la llevó a la muerte. La adicción puede acarrearte la destrucción.

(Publicado en la Revista Antídoto)

Anita Berber y sus siete adicciones y cinco profesiones

La noche caía en la expresionista Berlín de los años 20, rebosante de cafés, cabarets y locales nocturnos de dudosa reputación que pintara Kirchner. En la Potsdamer Platz, una muchedumbre esquivaba el cruce de tranvías y se abría paso entre coches tocando el claxon. Un *flâneur* a la caza del instante, el joven Brecht con el cigarro en los labios, soldados con el cuello de la camisa desabotonado, artistas, políticos, cocottes, todos querían ver de cerca a la mujer más famosa de Alemania.

Desnuda debajo del abrigo de marta, con un monomascota colgado del cuello y su broche de plata repleto de cocaína, Anita Berber repartía sonrisas y frases descaradas, que sólo una diosa podía permitirse. Su rostro estaba por todos lados: en el escenario con sus celebraciones de depravación, horror y éxtasis; en los periódicos y revistas de entretenimiento y en la gran pantalla.

La Primera Guerra Mundial había terminado, penurias y vidas sesgadas eran cosas del pasado. Berlín, vivía un momento histórico, excitante y su gente se aferraba a la vida en todas sus manifestaciones, querían sentir el amor, el sexo, la belleza, la libertad para plasmar la más delirante de las fantasías. Para muchos, la ciudad con su erotismo exacerbado, se había convertido en la Sodoma del siglo XX. Mientras, la hiperinflación, el paro y la miseria hundían a gran parte de la población, la poderosa industria del ocio crecía aceleradamente en torno de la prensa, la radio y sobre todo, el cine. Los teatros, clubes y cabarets se nutrían de la fecunda riqueza intelectual, el ambiente de efervescencia cultural y el auge de las vanguardias. Los jóvenes se comportaban de manera indisciplinada, ya no sentían respeto alguno por sus mayores. Leían autores "depravados" como Dostoyevski, se fascinaban por la ópera de cuatro peniques de Brecht y las puestas en escena de Pirandello, los pensamientos de Heidegger y el teatro expresionista. Fogosos y entusiasmados, los berlineses se habían lanzado a experimentar por el camino del arte y sobre todo, en el de la sexualidad y las relaciones poco convencionales. En ese paisaje destacó la transgresora Anita Berber como la diosa de la noche. El baile era su pasión. La gente respondía con aullidos a ese erotismo ostentoso, que incluía desnudos totales en el escenario. Muchos la adoraban, pero otros tantos la consideraban una Salomé, la encarnación de la perversidad. Anita disfrutaba de su reputación de *chica mala* y levantó la apuesta con espectáculos cada vez más audaces y repletos de la imaginería expresionista.

La sexualidad de la diosa no se limitaba a la escena; de hecho Anita nunca supo (ni quiso enterarse) de los límites entre actuación y vida privada. Fuera del escenario no ocultaba su bisexualidad y androginia. Sus relaciones lésbicas eran numerosas y públicamente conocidas, al igual que su irremediable adicción a la cocaína y esa mezcla de morfina y coñac a la que era tan aficionada. ¿Amantes? Incontables. Según se dice, una jovencita Marlene Dietrich, Magnus Hirschfeld (fundador de la sexología moderna y la liberación gay), Klaus Mann, el hijo terrible de Tomas Mann y hasta el rey de Yugoslavia. La leyenda cuenta que en una pelea, Anita insultó públicamente al monarca e incluso lo abofeteó y la osadía le costó seis semanas en la cárcel. Tras sus espectáculos de danzas de la lujuria aparecía en los night-clubs y casinos exhibiendo su cuerpo bajo un chal de marta, con un mono colgado de su cuello y un broche plateado repleto de cocaína. Todos temían a la perversa starlet, quien podía ofrecerse sexualmente a cambio de dinero, robar o golpear a quien se le antojara. No contenta con seducir a las esposas de los caballeros más pudientes, les obligaba a entregarles a sus hijas vírgenes. La prensa amarilla se nutría de escándalos sobre la vida libertina de la Berber: bisexualidad, orgías en hoteles, colección de mascotas exóticas, adicciones diversas y ataques de ira.

De todas formas, la popularidad y gloria de Anita Berber, duraría unos pocos años. Cuando los berlineses saciados de sus libidinosas travesuras se cansaron, la diosa se convirtió en "una carroña que hasta las hienas ignoraban". Envejecida, demacrada, vociferante, medio loca y perdida, la tuberculosis la barrió de la escena. Fue enterrada en un cementerio para pobres que perdió sus restos en una inundación. Su tumba ya no existe. Según testigos de su entierro, destacados directores de cine caminaron al lado de las prostitutas, jóvenes prostitutos junto con hermafroditas, famosos artistas junto a barmans, hombres con sombreros altos al lado de travestís de Berlín. Su entierro se convirtió en un espectáculo público, una despedida a la particular santa de la prostitución y el descaro.

*

"Demasiadas veces aguantar lo cotidiano es doloroso, pero verse obligado a recrear otra realidad es más peligroso aún"

ELSA VON FREYTAG, la baronesa dadá (1874 - 1927)

Esta alemana revolucionó Nueva York en los primeros años del siglo XX con sus explosivas acciones artísticas. Fue pintora, poeta y "performer". Fascinó a artistas como Man Ray y Duchamp. Ocupó un sitio principal en la vanguardia de su tiempo, pero pronto cayó en un injusto olvido que aceleró su suicidio.

Elsa era dadaísta y para ser puramente dadaísta era necesario tener una extrema ansiedad por escapar de la ortodoxia del mundo. No por un sentimiento trágico de la vida, sino por una necesidad lúdica. **La baronesa Elsa von Freytag-Loringhoven alcanzó ese punto de ebullición en el que sólo es posible vivir desde una libertad sin vigía,** fuera de cualquier magistratura que no alimente lo inaudito, el disparate, el exceso, la originalidad y la diferencia. Marcel Duchamp escribió una sola frase sobre ella, pero cifró con ocho palabras el alcance y el espíritu de esta dama fulminante: *"La baronesa no es futurista: es el futuro"*. Elsa era la mujer de más bello vivir que había encontrado. Fue poeta, pintora, performer, explosiva, secreta, ruidosa. Una alemana de 1874, nacida en el centro de una familia adinerada, con una madre pianista y bajo el yugo de un padre de rudos modales. Aquel salvaje, amante de la violencia como analgésico y como disciplina, chocó pronto con el ánimo inconformista de Elsa, Elsa Plötz por entonces.

La energía de la muchacha no asumía más autoridad que la de una imaginación desbordada dispuesta a saltar por encima de cualquier imposición. Al morir la madre, el frágil mundo de la casa se vino abajo y Elsa decidió no encajar ningún maltrato más de su padre y así escapó a Berlín asilada en casa de una de sus tías. Meses antes su madre había dicho: *"He malcriado a Elsa a propósito, para que siempre sepa a qué tiene derecho"*.

A los 19 años descubre la noche y su peligro hermoso, busca oficio en un cabaret donde es contratada para hacer de estatua griega, posa para artistas del lugar y ejerce la prostitución con toda libertad. A los 22 años ha leído a San Agustín, a Novalis, a Goethe, a Flaubert o a Hölderlin y ya acumula un buen expediente de gonorrea y sífilis que le tratan con mercurio. Lo que a cualquier humano devastaría por dentro, a Elsa le da un plus de vida extra, haciendo de sus quebrantos, enfermedades divinas.

Se hace sitio en los cafés de Berlín y de Múnich por su inesperada novedad. Viaja a Italia, donde entiende que el tiempo maulló como una gata triste, y al regresar a Berlín regresa a su ministerio de depravación, a los cabarets, a la madrugada y al escándalo. Es evidentemente feliz. En una de esas expediciones de noche conoce al arquitecto modernista August Endell, primer marido, que la inicia en la pintura. Elsa ya lleva dentro la molécula invasiva del arte. **Los años de cabaretera le han dado la dulce depravación que necesita para asumir el arte sin dios ni amo.** Trabaja a deshoras y vive a destiempo. A los 30 años se divorcia de Endell para casarse con el escritor Félix Paul Greve (oculto bajo mil seudónimos), al que inspira varias novelas antes de empujarlo a la literatura erótica con una serie de cartas que él utilizó como si fuesen su propia escritura. El matrimonio se deshace sin trauma y Elsa embarca hacia EEUU en 1910. En Kentucky escribe sus primeros poemas fonéticos y entonces, se desata la fiesta. Sólo le falta un ingrediente, que llegará en 1913: el barón Leopold von Freytag-Loringhoven.

Elsa tiene 39 años cuando se junta con su tercer esposo. Ambos viven en Nueva York y se entrega al movimiento Dadá. Se exhibe con una voluntad de vanguardia por las calles y tugurios del Greenwich Village. Todo en ella tiene algo de nueva vivencia. Es puramente dadaísta y la única artista que vive asumiendo el programa rupturista del movimiento. Man Ray y Duchamp se le entregan como cómplices. Uno desde la sobriedad, el otro compartiendo una fascinación común por el sexo explícito. Los tres establecen una jurisdicción artística que destila talento. Con sus disfraces cubistas, Elsa usa su cuerpo como superficie artística y su sexualidad como arma revolucionaria. Es un escándalo que escapa a las convenciones sociales e instaura una nueva forma de ser y de hacer. En 1920 es la más radical de las artistas. Entiende antes que nadie la fuerza de los objetos. Ella misma delira hasta convertirse en pieza, en creación, en artefacto. Es un *ready made* de antes de los ready made. Se pasa cualquier traba moral por el arco de triunfo de su sexo. Cuentan que el mítico urinario de Duchamp, titulado *Fontaine*, fue un regalo de Elsa, de cuando eran vecinos en Nueva York. Su fuerte personalidad lo está invadiendo todo. **Su fuerza, inteligencia, sensibilidad y sensualidad es arrojada como un desacato al hombre civilizado.** Elsa está alcanzando lo más que se podía adquirir en un mundo macho: un nombre propio y autónomo en el epicentro de una vanguardia que entendía a la mujer como un complemento. Realizó la primera escultura dadá estadounidense en 1917, un trozo de tubería encontrado en la calle que puso en pie sobre un pedestal de madera. La tituló *"God"*. Es consciente de que cada habladuría de portera sobre sus acciones, es la forma de hacerse sitio. Tan sólo es una mujer libre que es detenida con frecuencia por algunas de sus actuaciones callejeras. Una pionera prototipo pre daliniano. Provoca uno de sus mayores escándalos impulsando la filmación estereoscópica del rasurado de su pubis, en colaboración con Man Ray y Duchamp. Se pasea desnuda por las calles de Nueva York con dos latas de tomate vacías en los senos y un par de cucharillas de café como pendientes. Antes se había rapado la cabeza para pintarse el cráneo de rojo. Se pasea por los salones de la burguesía con los labios pintados de negro y desnudándose en cualquier momento, igual en una casa muy concurrida, que en la redacción de *"The Little Review"*, donde colaboraba también Gertrude Stein.

En París aterriza el eco de las acciones de la baronesa. Pero ella empieza a sentir su soledad cada vez más perdida en la amalgama de sus ideas. En 1923 rompe con todo y con todos. Viaja de nuevo a Berlín y allí, en el 26, solicita un visado para viajar a París. La embajada francesa le deniega sucesivamente la petición y ella, más Elsa que nunca, se presenta en la oficina de extranjeros con un pastel a modo de sombrero para pedir una vez más el permiso de salida. Está cada vez más cansada. El surrealismo aclama a sus viejos compañeros de aventuras neoyorquinas, pero ella es apartada de esa pequeña gloria. Las acciones pioneras de la baronesa ya no hacen historia. Ella, que rompió la forma de entender el arte, está apartada mientras los demás celebraban el éxito ante lo nuevo. Hay que tener un pudor muy débil y un genio muy vivo para romper las normas de un tiempo viejo. Llegar a ser ella misma fue su mejor conquista. Cada día era más importante su rango en la vanguardia y a cada hora le robaban el detalle de reconocerlo. Este agravio fue activando su depresión. Tal como ocurre casi siempre, la habían convertido en la mascota desechable que entra y sale por la puerta de servicio para entretener un momento a los hombres de su mismo linaje. Mereció mejor sitio. Mereció la recompensa que sola había conquistado para los otros. Aquella mujer sutil que se echaba por encima kilos de libertad, fue al final confinada en la decadencia del silencio. Incluso encasillada a algo peor: el exotismo mal entendido que acaba por degradarlo todo a una insulsa excentricidad. El abandono y el olvido, pero principalmente la soledad de quien hizo de su vida un baúl lleno de gente, propiciaron que adelantara la despedida. Una tarde abrió el gas de su apartamento de París. Abrazó a su perro y dejó que el metano se alojase en los pulmones de los dos. No hubo drama. Ni nota de despedida. Ni últimas voluntades, ni agravio contra nadie. Murió como había prometido: cumpliendo aquella sentencia que asumió de joven, haciendo de esa vida una labor propia: *"No soy de nadie"*.

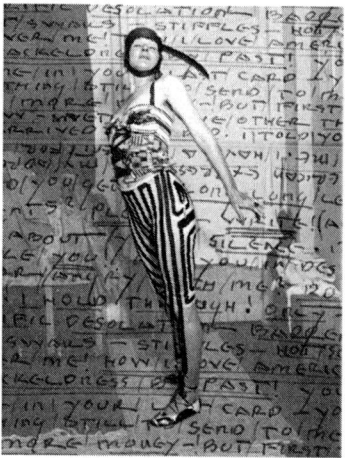

ALEXANDRE DEULOFEU (1903-1978)

Deulofeu nació en el pueblo ampurdanés de l'Armentera (Girona) en el año 1903. Estudió en Figueres y posteriormente, en Madrid se licenció en Farmacia y Ciencias Químicas. Al volver a Figueres fue catedrático de estudios secundarios al mismo tiempo que desarrollaba actividad política en Esquerra Republicana de Catalunya. Fue alcalde de esta ciudad durante la guerra civil y al acabar ésta, pasó la frontera y se exilió en Francia ejerciendo diversos oficios: maestro, violinista, agricultor, albañil, escritor y poeta. En 1947 vuelve a Figueres para ejercer como farmacéutico y seguir investigando sobre sus escritos que no consiguió terminar: *"La matemática de la Historia"*. Murió el 27 de diciembre de 1978.

Los retos pendientes de Alexandre Deulofeu

"En un momento de crisis global, donde todos los modelos del siglo XX han quebrado, no tenemos referentes para comprender una historia que parece ir a la deriva y una política incapaz de someter los poderes fácticos que llevan el agua a su molino. La lectura de la aventura vital e intelectual de Deulofeu nos abre interrogantes sobre la validez de los esquemas que han regido nuestro pensamiento colectivo sobre la historia, sobre la política y la economía, y nos muestra la necesidad de mirar más allá para formular nuevos modelos y no quedar atrapados por la mediocridad del politiqueo del día a día".

Martí Olivella

El polifacético Alexandre Deulofeu, diseñó una teoría cíclica de los imperialismos y civilizaciones, que su amigo Francesc Pujols bautizó con el nombre de *"La Matemática de la Historia"*. Pero ya antes de elaborar esta teoría, Deulofeu fue una persona comprometida con la paz y el entendimiento entre personas de diferente etnia e ideología. Deulofeu, como persona de izquierdas, republicana y catalanista, escribió artículos para el rotativo figuerense *L'Empordà Federal*, polemizando con sus contrincantes políticos del otro diario de Figueres *La Veu de l'Empordà*.

Deulofeu no es exactamente un contestatario, sino un visionario que va contracorriente y expone sus ideas. El adolescente Salvador Dalí admiraba a aquel hombre sabio, que detrás del mostrador de su farmacia era capaz de descubrirle mil aspectos sorprendentes de la historia, de la ciencia, la tecnología y de la sociedad. Dalí iba muchos días a la tienda minutos antes de cerrar el local a las ocho en punto y allí esperaba su cierre para preguntar al farmacéutico: *Vamos Deulofeu... cuéntame cosas.* Quizás el interés del pintor por el mundo de la ciencia y el despertar a sus misterios, sea producto de muchas preguntas al boticario de Figueres.

La teoría cíclica de Alexandre Deulofeu.

Alexandre Deulofeu, influido por Oswald Spengler y Arnold Toynbee, comenzó a perfilar su teoría cíclica con su primer libro *"Catalunya i l'Europa futura"* (*Cataluña y la Europa futura*), editado en el año 1934 y prologado por Antoni Rovira i Virgili. El autor hace una equiparación de los ciclos históricos a los ciclos naturales de los seres vivos: nacen, crecen, llegan a la madurez, decaen y mueren. Según él, las civilizaciones o culturas tienen hasta tres ciclos de 1700 años cada uno, aproximadamente. Estos ciclos afectan todas las vertientes de la vida humana: arte, filosofía, ciencia, política, economía, religión. Cada ciclo de civilización dura 1700 años y comienza por una fase llamada de fragmentación demográfica, de unos seis siglos y medio de duración, donde el poder político se encuentra dividido en pequeños núcleos, pero donde se desarrolla la máxima creación artística, filosófica y científica. Posteriormente, se produce la fase llamada de gran unificación, de unos diez siglos y medio, donde no hay nueva creación, pero donde sí se difunde esta creación precedente por todo el territorio afectado por esta cultura. Al fin del ciclo, los pueblos renuncian voluntariamente a toda manifestación del espíritu. El proceso ocupa siempre el mismo espacio de tiempo, 5100 años, repartido en tres ciclos de 1700 cada uno. Las transformaciones que se producen de unas etapas a otras frecuentemente siguen un proceso oscilante, en que los avances más profundos están alternados por retrocesos que no lo son tanto. Es lo que Deulofeu llama: *Ley de los dos pasos hacia delante y un paso hacia atrás*.

De los hasta tres ciclos de 1.700 años que una civilización o cultura puede tener, el primero corresponde al de imitación de la cultura precedente. El segundo ciclo es el de plenitud, donde se manifiesta la verdadera personalidad de la cultura implicada. Finalmente, en el tercer ciclo se produce una imitación del arte, la filosofía y la ciencia de los dos ciclos anteriores, después de lo cual, se olvida absolutamente la obra creadora de las generaciones pasadas. A lo largo de estos ciclos de civilización, aparecen los diferentes imperialismos que tienen una duración aproximada de entre cinco y seis siglos. Estos imperialismos tienen una primera fase federal, después de la cual viene una depresión, a continuación una fase agresiva llamada absolutista, la derrota militar, la fase conservadora de plenitud y finalmente la desintegración y la muerte.

Deulofeu describe los grandes errores de la historia:

(...) "Desconcierto y miedo. Como un barco a la deriva que ya no controla su destino. Los tripulantes ya no reciben órdenes y el capitán ya no manda. Todo está en manos de fuerzas sin controlar, como si un gran poder en medio de la oscuridad, controlase la humanidad entera hacia la destrucción y aniquilación. ¿Es el final de una época?"

(...) "Mensajes contradictorios por parte de los poderes políticos, mediáticos, económicos, religiosos... todos parecen seguir una dirección: provocar el desconcierto y el miedo entre la población. Hoy, el ideal no es la búsqueda del bien común de manera serena y objetiva, considerada como valor colectivo, sino que prevalece la pérdida de conciencia colectiva. Otra vez, aparece el fantasma de la decadencia. Una decadencia manifiesta en el desconcierto y en los errores de las decisiones adoptadas. Una sociedad que se indigna, eso sí, y que siempre a lo largo de la historia desea la revolución, pero la suya, una nueva revolución burguesa que termine no arreglando nada y que mantenga los privilegios de una minoría. Todo ello, en un mundo donde la única globalización que sobrevive es la de la miseria. Un panorama inquietante".

Las profecías cumplidas de Alexandre Deulofeu.

Mientras fue perfilando su teoría, fue enunciando también una serie de predicciones que no tenían origen en revelaciones ni en capacidades paranormales, sino que estaban basadas en la propia teoría. Ya hacia 1940, Alexandre Deulofeu expuso su opinión de que Alemania, a pesar de su escalada agresiva, sería vencida en la Segunda Guerra Mundial. Pero una vez finalizada la guerra, anunció que, en diez años, la Alemania vencida se pondría al frente de Europa, mientras que los imperialismos francés e inglés entrarían en decadencia. En su libro *"La pau al món per la matemàtica de la història"* Deulofeu añadió su vaticinio consistente en que, alrededor del año 2000, la Unión Soviética se hundiría, mientras que las dos Alemanias se reunificarían.

La defensa de la paz de Alexandre Deulofeu durante la Guerra Fría.

Advirtiendo que los Estados Unidos de Norteamérica podían creerse su propia propaganda y convertir su guerra fría con la Unión Soviética en una de «caliente», Alexandre Deulofeu convenció a un general de brigada venezolano perteneciente a la OTAN, Víctor José Fernández Bolívar, para que difundiese la teoría deulofeuniana en este organismo, con el fin de convencer al bloque occidental que su enemigo caería sin lucha.

Fue así como el citado general publicó entre los años 1962 y 1964 una tesis en la Escuela Superior de Guerra de París, en parte basándose en las teorías de Deulofeu. El libro donde publicó esta tesis recibió la consideración de texto de consulta en organismos como el Colegio de Defensa de la

OTAN. Entre ambos pusieron su granito de arena para que la Humanidad prosiguiese más allá del fin de la U.R.S.S., continuadora según Deulofeu del imperialismo de los zares.

Las profecías pendientes de Deulofeu: el caso de la China.

Alexandre Deulofeu dio a conocer otras predicciones, basándose en su teoría cíclica. La que más consecuencias traumáticas puede suponer para la Humanidad, en relación al volumen de población afectado, es la crisis que puede producirse en China. En su primer libro de la versión más extensa de la *Matemática de la historia,* nos advierte:

(...) "estos últimos años, con una rapidez relámpago hemos visto hundirse todas las fuerzas bajo el dominio de un nuevo centro hegemónico que con su primer proceso agresivo ha realizado la conquista y la unificación de China y continúa su agresión a Corea y a Indochina".

En el prólogo del libro resumen *La Matemàtica de la Història* del año 1951, página 30, afirma:

"Respecto a Asia, el imperio chino seguirá su impresionante proceso ascendente. Se amparará de todas las posesiones rusas en Asia y solamente se encontrará frente el otro coloso, el imperio nipón, que como el alemán, entra ahora en la época de plenitud imperial".

Deulofeu hace una descripción de unas supuestas profecías coincidentes de la Gran Pirámide y de la Biblia, que después compara con lo que permite prever su teoría. Este noveno libro de *"La matemática de la Historia"* había de ver la luz poco después de su muerte, producida en 1978, y su edición se pospuso hasta el año 2005. En él nos recuerda que la cultura china se encuentra en el final de su tercer ciclo, pero que un nuevo imperialismo chino ha iniciado su proceso agresivo, y después de reunificar toda China amenaza con desbordarse hasta llegar a las tierras de Israel y el mar Muerto. Fruto de este desbordamiento se produciría un choque destructivo entre Alemania, tutora de Europa, y este núcleo imperialista chino.

El caso de los Estados Unidos de Norteamérica.

Deulofeu afirmó que los Estados Unidos de Norteamérica constituyen un imperialismo en su fase federal, donde la sociedad está dividida entre capitalistas y proletarios, estas últimas expresiones utilizando su propia terminología.
Así, escribe:

(...) "Hoy los E.E.U.U. han llegado al momento culminante de su esplendor y gloria propio del final del primer proceso agresivo. En estos momentos los imperios dan la sensación de ser invencibles, y lo serían, en efecto, si no llevasen dentro de ellos mismos el germen de la desintegración y de la catástrofe. ¿Qué le va a pasar, al imperio americano? Ni más ni menos que lo que ha pasado en los otros imperios en

el momento equivalente. Los síntomas son perfectamente visibles. De una parte, la acumulación de las riquezas en manos de una clase; de otra, el descontento de la clase trabajadora. Éstas son las circunstancias que hasta hoy han conducido todos los imperios a la lucha violenta de clases y han determinado la caída de todos en manos de un dictador a la entrada en la fase unitarista. Hoy son bien visibles los caminos que conducen al gran imperio americano por estas vías peligrosas. Las innumerables huelgas nos muestran la separación que hay entre el capital y el trabajo en América. El odio entre capitalistas y obreros se irá acentuando y conducirá fatalmente a la lucha armada. Aprovechando una guerra exterior, el proletariado americano se levantará contra la clase dirigente, como lo hizo el proletariado alemán durante la guerra de 1914-1918. Entonces la gran potencia americana experimentará desgracias infinitas. Se verán los horrores de la revolución francesa multiplicados por algunas cifras en proporción a la numerosa población americana. Sobrevendrá una gran depresión seguida de una invasión exterior. Habrá años de destrucción, de agotamiento y de pugna entre las facciones rivales. Este estado conducirá a la implantación de un poder absoluto y de nuevos sueños de conquista y de hegemonía universal. En consecuencia, habrá una nueva tragedia para la Humanidad".

El caso del imperialismo español.

En el año 2029, el imperialismo español cumplirá 550 años de su existencia. Se ha de tener en cuenta, según Deulofeu, que 550 años es la duración media de todos los imperios que han existido, pero la situación de este territorio dentro del ciclo de civilización todavía está dentro de la fase de gran unificación, precisamente en el momento de máxima despersonalización del ser humano. Esto hace previsible una falta de entendimiento entre las diferentes naciones de las Españas, que dejarán de depender del cuerpo imperialista al cual todavía están adosados para pasar a formar parte de otra Europa.

Ante la previsible crisis que anunció, Deulofeu afirmó la necesidad que los EUA pasen de su fase federal a su fase unitaria con el menor descalabro posible. Entre una fase y la otra, puede producirse una guerra civil ya citada antes y que hará falta evitar. El autor escribió que el ser humano se ha caracterizado por modificar las leyes de la naturaleza en favor suyo y que, por lo tanto, también puede modificar las propias leyes deulofeunianas, una vez estas leyes son conocidas:

"Ahora bien, si comparamos el proceso humano con el de los animales irracionales, observaremos una diferencia fundamental consistente en el hecho que éstos no saben salir de su determinismo, mientras que el hombre lo rompe constantemente. Los gatos y los perros, desde tiempo inmemorial, se defienden con las uñas o con los colmillos, y en cambio el

122

hombre modifica en cada momento sus medios de defensa. Análogamente, los animales desde sus orígenes se trasladan de lugar sobre las uñas, mientras que el hombre ha descubierto otros medios de locomoción. Con las plantas pasa un fenómeno parecido. Consideradas colectivamente, irá continuando su ciclo evolutivo de idéntica manera a través de los siglos, mientras no se modifique el sistema solar, pero el hombre, a medida que ha ido descubriendo las leyes de la Naturaleza, ha modificado su forma de vida y ha progresado. En consecuencia, ¿por qué no ha de progresar el hombre desde el punto de vista colectivo el día que descubre las leyes que rigen la vida de las colectividades?".

Deulofeu propuso, entre otras medidas, la cesión de las grandes fortunas de los EUA al Estado, el paso a una estructura unitaria con un gobierno fuerte y el abandono de las ambiciones de conquista para que se produzca el paso de un sistema al otro. El autor nos informa que el devenir natural de los pueblos es la alternancia entre etapas creativas de fragmentación y etapas de gran unificación donde no hay nueva creación, pero donde se transmite la creación de las etapas anteriores. La estructura confederal con su flexibilidad permite, pues, el paso pacífico pero necesario, de esta evolución natural de una etapa a la otra y viceversa, en cada uno de los lugares donde estos cambios se producen.

La culminación del proceso político planetario se producirá finalmente con la Confederación Mundial, donde todas las naciones de la Tierra sin excepción, mantendrán su libertad, pero hermanadas en un proyecto político común que alejará el espectro de la guerra de la faz del planeta.

Hay suficientes alimentos para todos.

Desde los tiempos del economista Thomas Robert Malthus (1766-1834), una de las más grandes preocupaciones de los demógrafos, es el crecimiento de la población mundial y la posibilidad que no haya suficientes alimentos en nuestro planeta para todos sus habitantes. Malthus afirmó que el crecimiento de la producción de alimentos seguía una proporción aritmética, mientras que el crecimiento de la población en su tiempo, seguía una proporción geométrica. De seguir así, el número de seres humanos sobre la Tierra podía llegar a ser excesivo para su capacidad de producir alimentos.

En el año 1929, Warren Thomson y otros posteriormente, detectaron que en los estados más desarrollados se producía un modelo de transición demográfica, donde los países pasaban de una situación con altas tasas de natalidad y mortalidad, a una situación de natalidad y mortalidad bajas, fruto de su desarrollo económico. Este modelo de transición demográfica se ha ido extendiendo a otros estados, con la característica que estos últimos van acelerando las etapas en relación a los primeros que han llegado. La previsión es que, de seguir sin grandes descalabros, la población mundial se estabilice hacia el año 2050 aproximadamente.

Además, el equipo del doctor en Agroecología Peter Rosset nos demuestra que el territorio de cada estado es suficiente para producir los alimentos que necesita su gente, incluso en los estados más poblados. De hecho, producimos el doble del que se necesita. Él propone, para esto, distribuir bien lo que se produce, no usar tecnologías que vayan contra el medio ambiente, potenciar las fincas pequeñas, pues son en realidad las más productivas y respetar la soberanía alimentaria de cada estado.

Conclusión

Alexandre Deulofeu, con su teoría, nos advierte de unos posibles peligros y con su labor activa por la paz, nos da un ejemplo. Con esta herramienta y las soluciones expresadas, podemos superar con éxito estos retos, demostrando, con este enderezamiento del rumbo de los humanos, hasta ahora egoísta a corto plazo, que merecemos continuar existiendo. A continuación, podremos hacer ascender nuestro planeta y la Humanidad en el camino de la evolución colectiva.

Brauli Tamarit

*

"El arte, no es volver a hacer lo que otros hicieron... es hacer lo que uno ha visto con sus ojos, sentido con sus sentidos y comprendido con su cerebro"

OCTAVE MIRBEAU

Octave Mirbeau (1848-1917), periodista, panfletario, crítico de arte, novelista y autor dramático, es una de las figuras más atractivas y originales de la literatura de su época. Tras terminar unos mediocres estudios secundarios en un colegio jesuita, de donde es expulsado a los quince años, se ve condenado al encierro del estudio notarial del pueblo cuando, dos años después de la experiencia traumatizante de la guerra de 1870, comienza un largo período de proletariado de la pluma que le dejará un fuerte sentimiento de culpabilidad: hace de empleado (secretario particular) de diversos periodistas importantes. Durante varios años trabaja como "negro", escribiendo unos doce libros, novelas cortas, por cuenta de varios patronos. Es tan sólo durante el año 1884 que, con ocasión de una relación amorosa con un mujer mundana, Judith Vimmer, verá el resultado negativo del balance de su vida de "fracasado", recuperará las fuerzas en la Bretaña y, volviendo a París, empieza con dificultad su redención: en adelante pondrá su pluma brillante y de gran eficacia narrativa al servicio de sus causas, la justicia social y la promoción de grandes artistas.

El primer volumen publicado con su nombre es en noviembre de 1885 y entra en un periodo fecundo con varios libros críticos con la sociedad. Empieza también varios combates artísticos y políticos. Se acerca a los anarquistas, lucha contra el nacionalismo, el colonialismo, el militarismo y los políticos que se sirven del sufragio universal para mejor esquilar al rebaño y planificar la explotación y el embrutecimiento de los individuos. Mirbeau encarna al intelectual comprometido en los asuntos públicos, alejado de todos los partidos. ¿Su deber principal? Permanecer lúcido y forzarnos a ver aquello que solemos rehusar mirar de frente.

En los años de 1890 atraviesa una larga crisis existencial, agravada por una crisis matrimonial (en el año 1887 se había casado, contra las exigencias sociales, con una ex actriz que lo lleva a creerse aquejado de impotencia). Sin embargo durante estos dolorosos años publica, en entregas, las primeras versiones de *Journal d'une femme de chambre* y de *Jardin des supplices*, así como una extraordinaria novela pre existencialista que trata sobre la tragedia del artista y se inspira en Van de Gogh, que Mirbeau acaba de descubrir: *Dans le ciel*. Empieza también una larga colaboración de diez años, en el *Journal* y realiza una tragedia proletaria sobre un tema cercano al de *Germinal*, *Les Mauvais Bergers*, puesta en escena por Sarah Bernhardt y Lucien Guitry en 1897. Pero lo que va a permitir a Mirbeau lanzarse a una actividad socialmente útil, será el caso Dreyfus, en el cual se empeña a partir de finales de noviembre de 1897, dos días después de Émile Zola. Redacta el texto del segundo petitorio de los intelectuales, acompaña todos los días a Zola a su pleito, paga 7.500 francos de su bolsillo y obtiene, 30.000 más para pagar las distintas multas impuestas al autor de *"J'accuse"*. Publica en el periódico *L'Aurore,* unas cincuenta crónicas donde procura movilizar a la clase obrera y a las profesiones intelectuales, burlándose de los nacionalistas, de los clericales y de los antisemitas recurriendo a entrevistas imaginarias.

Bajo el efecto de su profundo pesimismo, escribe sucesivamente *Le Jardin des supplices* (1899), *Le Journal d'une femme de chambre* (1900), donde estigmatiza la vida doméstica y la esclavitud de los tiempos modernos y *Les 21 Jours d'un neurasthénique* (1901), *collage* de unos cincuenta cuentos crueles publicados desde hacía quince años en la prensa. En abril de 1903 obtiene un triunfo con la representación, en la Comedia Francesa, de una gran comedia clásica de costumbres y caracteres titulada *Les affaires sont les affaires*, donde combate a la clase de los advenedizos y denuncia la omnipotencia del dinero-rey a través del personaje de un hombre de negocios.

La obra triunfa también en Alemania, Rusia, Estados Unidos y otros países. Rico, disminuye sensiblemente su producción periodística y renuncia al género novelesco heredado del siglo XIX intentando su renovación.

Mirbeau había estrenado seis pequeñas obras teatrales en un acto donde se anticipa al teatro de Bertolt Brecht, Harold Pinter y Eugène Ionesco, por su revolucionario lenguaje. Desmitifica la ley, la monogamia y las instituciones sociales, además de poner en ridículo el discurso de los políticos. En diciembre de 1908, después de una batalla judicial y mediática, representa en la Comedia Francesa, una obra mordaz titulada *Le Foyer*, que arma un gran escándalo denunciando el negocio de la caridad y de la explotación económica y sexual de adolescentes.

Cada vez más enfermo y amargado, se vuelve casi incapaz de escribir y se retira a Triel, donde se reconforta de la ignominia de los hombres en el contacto con las flores y las telas de sus amigos pintores. La guerra de 1914 acaba de desesperar a un pacifista impenitente que sin cesar denunció la aberración criminal de las guerras y preconizó la amistad franco-germana. Muere el mismo día en que cumplía 69 años, el 16 de febrero 1917.

De hecho, Mirbeau atravesó una fase de purgatorio de unos sesenta años. Desde luego, se republican regularmente sus dos novelas más famosas, se representan en varias oportunidades *Les Affaires sont les affaires* y se publican, de 1934 a 1936, diez volúmenes erróneamente calificados como sus obras completas. Se conoce sólo una pequeña parte de su inmensa producción; se lo lee mal y se le ponen etiquetas absurdas como la de "naturalista" o directamente difamatorias como la de "pornógrafo".

Las cosas comienzan a cambiar a finales de los años setenta del siglo XX gracias a la reedición de sus novelas; luego, con las primeras investigaciones universitarias y sobre todo, desde 1990 con la publicación de su primera biografía y de una primera gran síntesis sobre sus luchas. Así mismo se publican unos treinta volúmenes de textos inéditos y varias correspondencias con Monet, Pissarro, Rodin y otros. En 1993 se crea una Société Octave Mirbeau, triunfan las representaciones y se multiplican las adaptaciones teatrales de novelas y cuentos. Él ocupa ahora por fin su verdadero lugar: uno de los primeros de la literatura francesa. Prototipo del escritor comprometido, libertario e individualista, es el denunciante de los hombres e instituciones que enajenan, oprimen y matan. Se fijó por misión, obligar a los ciegos a mirar a la Medusa, cara a cara. Es por eso que ha puesto en entredicho, no sólo la sociedad burguesa y a la economía capitalista, sino también a la ideología dominante y las formas literarias tradicionales que contribuyen a anestesiar las conciencias y a dar de nuestra condición y de la sociedad, una visión falsa. Contribuyó, a la muerte de la novela realista, rechazando el naturalismo, el academicismo y el simbolismo y se abrió camino entre el impresionismo y el expresionismo, haciendo de muchos escritores del siglo XX sus seguidores.

"La literatura sigue todavía sollozando por dos o tres estúpidos sentimientos artificiales y convencionales, siempre los mismos, empantanada en sus errores metafísicos, embrutecida por la falsa poesía del panteísmo idiota y bárbaro. He llegado a la convicción de que no hay nada más vacío, nada más estúpido, nada más perfectamente abyecto que la literatura".

"Me repugna el derramamiento de sangre, el sufrimiento y la muerte. Amo la vida, toda vida es para mí sagrada. Esta es la causa por la que encuentro en el ideal del anarquismo lo que ninguna forma de gobierno puede dar: amor, belleza y paz entre los hombres".

Mallarmé opinó que, *"Es uno de los pocos que no fingen, lo que para el público es imperdonable."* Apollinaire añadió que Mirbeau era, *"El único profeta de este tiempo".* Y su amigo Zola, *"El justiciero que ha dado su corazón a los miserables y pobres del mundo."*

Lo que sí queda claro para nosotros, es que Octave Mirbeau era un antisistema. Mientras la hipocresía de la política francesa se encargaba de fecundar el germen del descontento social en los últimos años del siglo diecinueve, Mirbeau gestaba uno de sus personajes más importantes. Se trataba de contar una historia que trascendiera al mero texto, que fuera más allá de la narración, que sobrevolara por encima de los protagonistas y que demostrara lo absurdo de una sociedad engreída de sí misma e incapaz de reconocer sus carencias. Es así como surge el libro *"Georges el amargado"*, el primer antisistema no anarquista del siglo diecinueve. En solamente ciento treinta páginas, Georges fusila el concepto de:

Amistad. Solamente habla con su amigo más íntimo cada cinco o seis años, encontrándose por casualidad en la calle y manteniendo una conversación insubstancial.
Matrimonio. Se casa con Rosalie cuya *"fealdad era tan total que era más que fealdad, era nada, nada, nada".* Tan fea es que ni le habla durante su vida de casados.
Familia. Tanto la propia como la familia política sólo le usan por interés, le exprimen y le tiran a la basura.
Justicia. Sin pruebas es acusado de asesinato y encarcelado, pero por buena fortuna sale pronto en libertad, sin razones para ni lo uno ni lo otro. Mordaz, cáustico, hilarante y kafkiano, Mirbeau dibuja cada escena con el color ocre de la basura, con un tono frío y sucio que trasmite el asco inmenso que sufre su protagonista ante la vida, ante la omnipresente fealdad del mundo que le toca vivir y ante lo farisaico de los métodos sociales establecidos.

*

Quizás el libro más representativo de la obra de Mirbeau sea **El jardín de los suplicios,** publicada en 1899, durante el Caso Dreyfus. El novelista dedica irónicamente estas páginas de muerte y sangre, a los sacerdotes, los soldados, los jueces y los hombres encargados de instruir y gobernar a los hombres.

En la segunda parte, titulada "En misión", trata de la historia política del narrador. Conocemos la vida de un joven venido a menos que lleva una existencia canallesca aprovechándose de sus contactos sociales y de su relación con un ministro francés. Envuelto en diversas corrupciones políticas debe abandonar Francia con la excusa de una misión científica haciéndose pasar por un falso embriólogo que viaja hacia Ceilán. El interés del relato viene de la repugnancia moral y ética que a uno le produce la forma de conducir la política y el tráfico de influencias constante (¿Alguna relación con la política actual?). Es un retrato mordaz y divertidísimo del mundo de la política. Los personajes son tan amorales, mediocres y corruptos que nos atrapa la cercanía de su historia.

En la tercera parte, "El Jardín de los suplicios", el narrador anónimo y su amante Clara, visitan la prisión china de Cantón, donde están los supliciados, y el espectáculo de los horrores conduce a Clara hacia un éxtasis erótico. En esta última parte, es cuando Mirbeau pierde bastante el norte y se entrega a eternas descripciones de barrocos jardines florales y retorcidas torturas chinas. Es la parte más "gore" del libro. La novela es una denuncia frente a las sociedades opresivas que se apoyan todas sobre el asesinato y más precisamente, al colonialismo francés e inglés, que transforma continentes enteros en verdaderos jardines de los suplicios.

"La puerta de la vida no se abre más que a la muerte, no se abre más que ante los palacios y los jardines de la muerte... Y el universo aparece como un inmenso, como un inexorable

Jardín de los Suplicios... Por todas partes, y allí donde hay mayor vida, doquiera, horribles torturadores que rasgan las carnes, asierran los huesos y os arrancan la piel, con siniestra cara de alegría. En el jardín de los suplicios, las pasiones, los apetitos, los intereses, el odio, la mentira, las leyes y las instituciones sociales, la justicia, el amor, la gloria, el heroísmo, las religiones... son sus monstruosas flores y los espantosos instrumentos del eterno dolor humano".

La última parte de la novela se inicia cuando en el viaje a Ceilán traba contacto con una mujer, que le desviará de su ruta hasta China. Aquí es donde veremos la mezcla entre sexualidad y dolor y el lector puede considerarla excesiva. Asistimos a todo tipo de torturas, canibalismo, y violencia que podamos imaginar. Conoceremos la tortura de la caricia, de las varas candentes, del tañido de la campana, de la rata, etc. También encontraremos críticas abiertas al papel de la religión en Asia: *"el misionero católico que lleva también la civilización en la punta de las antorchas, de los sables y de las bayonetas"*. Una lectura superficial nos reduciría el contenido del libro a sus aspectos más escatológicos y sádicos. Evidentemente se trata de un libro no apto para leerse en hogares bien pensantes. Un libro quizá extraño, cuyo autor era considerado por Tólstoi como *"el más grande escritor francés contemporáneo"*.

Sin embargo, el libro representa algo más de una novela sádica: se trata de una áspera crítica a la sociedad de su tiempo *"Los mediocres nos están ganando. El espíritu burgués triunfa en todas partes"*, a la clase política francesa, a la difundida corrupción política y a los excesos del colonialismo *"Si los gobiernos y las firmas comerciales que nos confían misiones civilizadoras se enterasen de que no hemos matado a nadie… ¿dirían?"*. Por eso, la novela debe ser entendida como una metáfora de la sociedad francesa escandalizada por el caso Dreyfus, donde los hermosos conceptos -amor, felicidad, progreso- ocultan los sufrimientos que se esconden y que preferimos no mirar: *"Donde hay hombres, hay suplicios…"*

Sexo, sangre y belleza caracterizan una de las mejores novelas del decadentismo francés. Mirbeau se confirma como un gran escritor, lúcido y perverso, capaz de escribir una novela que vincula voluptuosidad e instinto de sufrimiento, sexo desenfrenado y muerte. Nos muestra a un hombre que conoce la medida de su bajeza, pero para quien la infamia es su medio: ni sabe, ni quiere salir de ella. Pese a ello, es dolorosamente consciente de la suciedad del mundo en el que vive, donde las apariencias de eso que se ha dado en llamar civilización, apenas si logran tapar la inmundicia que segrega el alma humana. Este protagonista es anónimo; el escritor niega un nombre, tal vez para que nos represente a todos. Y es que ese fantástico jardín que Mirbeau nos propone no es sino una metáfora de nuestra sociedad, en la que hermosos conceptos (felicidad, libertad, amor, democracia) ocultan o distraen nuestra atención de los sufrimientos que se esconden en ella, esos que todos vislumbramos, pero a los que preferimos no mirar.

"Por muchos siglos que dure el mundo y que se desarrollen y sucedan las sociedades, iguales unas a otras, un

hecho único domina todas las historias: la protección de los grandes y el aplastamiento de los pequeños. Los corderos van al matadero".

*

Campalans (a la derecha) con un amigo "saludando" a cámara

JOSEPH CAMPALANS (escritor de escándalos 1905-1985)

J. Campalans nació en Reims en 1905 y fue criado por la sirvienta de la familia. Se conoce muy poco sobre ella, Marieta, pero se intuye que debió de tener gran peso en la familia. Su padre, violinista famoso de origen catalán, había muerto cuando él contaba seis años y le dejó una pequeña herencia. Su madre cambió de residencia y, a los trece meses de enviudar, se casó por conveniencia con un vecino suyo, treinta y dos años mayor que ella, que era General del Estado Mayor. Es probable que fuesen amantes ya antes de contraer matrimonio. El niño Campalans recibió con ello un gran impacto emocional, viviéndolo como un abandono. Nunca llegó a tener buenas relaciones con su madre a quien odió toda su vida.

En París y siempre a cargo de la sirvienta Marieta, consigue el título de bachiller superior pero, por una falta aún desconocida, es expulsado del colegio. Se cree que dicha falta podría estar relacionada con la resistencia del joven a la dura disciplina del centro docente.

Jeanne Duvalier, fue la primera amante de Campalans cuando éste tenía 19 años. Era una muchacha muy atractiva de 26, pero con una desgastada reputación. Sus amantes se cuentan por varias decenas y con Joseph duró cuatro meses, lo suficiente para que él lo aprendiese todo sobre sexo. En 1924 Campalans ingresa en la Facultad de Derecho y comienza a frecuentar a la juventud "inquieta" del Barrio Latino y conoce nuevas amistades, como el escritor viajero Henri Michaux y el viajero, poeta y químico, Paul Kovassi. Comienza a llevar una vida despreocupada; los altercados con su madre son constantes debido a su adicción a las drogas y al ambiente bohemio. Mantiene relaciones con Sarah, una prostituta judía del Barrio Latino. Campalans la denomina *La Louchette* (la bizca), que además de torcer la vista, era calva.

La conducta de Campalans, que rechaza entrar en la carrera diplomática, horroriza a su familia. Su padrastro, descontento con la vida libertina que lleva, trata de distanciarlo de los ambientes bohemios. En marzo de 1931 un consejo de familia decide enviarlo a Le Havre para que embarque con destino a la India, a bordo de un paquebote. En compañía de comerciantes, la travesía y sus escalas debía durar tres meses y llevarlo hasta Calcuta, donde un hermano de su padre era Vicecónsul. Durante el viaje alguien a bordo le habla de la existencia de sirenas en una pequeña isla del archipiélago de las Laquedivas, quedando fascinado por el relato. Llegando cerca de la isla de Agatti, Campalans interrumpe su viaje en busca de sirenas, pero después de meses de infructuosa búsqueda, desengañado, decide regresar a su país.

De nuevo en Francia, se instaló en la capital, volviendo a sus antiguas costumbres desordenadas y empezó a frecuentar los círculos literarios y artísticos escandalizando a todo París por sus relaciones con una joven y hermosa mulata que le inspiraría algunas de sus más brillantes y controvertidas poesías. Destacó pronto como crítico de arte y fue asimismo pionero en el campo de la crítica musical, donde destaca sobre todo su tendencia favorable hacia el jazz, que consideraba como la síntesis de un arte nuevo. Pero Campalans era un escritor radical; lo que hoy consideramos un "antisistema" y que siempre prefería hablar sin tapujos ni complejos literarios. La Editorial Gallimard le publicó su obra *"Contrario a todo"* en 1934 y acabó de desatar la violenta polémica gestada en torno a su persona. El libro fue considerado *«una ofensa a la moral pública, las buenas costumbres sociales y al Estado»* y su autor fue procesado. Ante tales acusaciones respondió:

"Todos los imbéciles de la burguesía que pronuncian las palabras inmoralidad, moralidad en Sistema y demás tonterías, me recuerdan a una puta barata, que una vez me acompañó al Louvre donde ella nunca había estado y empezó a sonrojarse y a taparse la zona púbica, tirándome de la man-

ga; me preguntaba ante las estatuas y cuadros inmortales, cómo podían exhibirse públicamente semejantes indecencias".

Sin embargo, ni la orden de suprimir varios capítulos del libro ni la multa que le fue impuesta, impidió la reedición de la obra en 1936. En esta nueva versión aparecieron, además, unos treinta textos inéditos aún más contestatarios. Ese mismo año había publicado también algunos textos bajo el título de *"Más mierda para todos"*. En 1939 viaja a la ciudad de Berna, donde residirá durante seis años y conocerá en Suiza al escritor Robert Walser que influenció poderosamente en él. Allí intenta ganarse la vida dictando conferencias sobre arte, pero son un fracaso. Es en este país donde escribe y publica en Ginebra su obra: *"Mi travesía onírica"* una obra en dos volúmenes sobre sus hipotéticos viajes por el mundo y que rápidamente tiene un gran éxito de ventas.

En la primavera de 1949 intenta por su cuenta una edición de su corta obra completa, pero fracasa y entonces decide escribir un largo panfleto titulado *¡Pobre editor!* y un pequeño libro *"Revolución a la carta"*, que sin estar a la venta, el mismo regaló 10.000 ejemplares en mercados, estaciones de metro y librerías. En la biografía de Campalans hay un agujero negro. El de su desaparición durante más de catorce años. Parece ser que, según investigaciones muy posteriores, trabajó de matarife en Budapest, pintor callejero en Praga, jugador de ajedrez en Ucrania, y saxofonista de jazz en Viena. Y siempre sin dejar de escribir sobre sus viajes y actividades, hasta que vuelve a aparecer en París en el año 1968.

Algunos escritos de Campalans:

"Amigos y conocidos, con el tiempo se encuentran en las encrucijadas. Cada una de las direcciones a seguir, adquieren significado y contradicción. Una parte fundamental de nuestra existencia se basa únicamente en expectativas. La vejez obliga al análisis y reflexión, y generalmente desgasta las decisiones tomadas, por exceso o por defecto. Los minutos que malgastamos en su momento, el futuro los reclama con intereses".

"El cuento pertenece a la infancia del ser humano, el mito es el motor de la adolescencia, la comedia y la epopeya configuran la madurez, y la tragedia y el escepticismo forman parte de la vejez".

"Es imprescindible distinguir entre cultura y técnica. La vida puede convertirse en una tragedia o en una esclavitud si no se sabe distinguir la diferencia. En muchos problemas lo que

falla no es sólo la ejecución, sino el plan. El ser humano está mal planteado".

"La historia carece de poesía. La poesía es música del leguaje y ofrece a la humanidad lo que la historia le niega".

"Hemos exagerado e idealizado el valor del progreso".

La obra de Campalans constituye una potente forma de disconformidad que ha dado la palabra a través de la letra impresa. Desafía incluso a sus críticos y desconcierta a sus lectores. Se trata de pensamiento en ebullición. Sus textos son una colección de vivencias puestas al desnudo. Opina que la realidad es extraordinariamente superior a cualquier relato, pero narra vivencias increíbles fruto de su imaginación. Son torrentes de lava incandescente, de palabras e ideas que pretenden calcinar un mundo en descomposición: el mundo en que vivimos. Su obra *"Contrario a Todo"* llenó las tertulias de los intelectuales que veían en él una rebelión cercana a la locura, pero también fue la admiración de quienes buscaban un héroe compensatorio, seducidos por su carácter de escritor maldito. Nadie puso su vida tan crudamente en su obra, reconociendo incluso sus propias debilidades y cobardías. El hombre que lucha frente al hombre acorralado. Cuando afirma que *no hay en el mundo más que desorden, sufrimiento y absurdo,* parece decir que no hay salida para el ser humano; pero para el autor esa desesperación es el medio de encontrar un verdadero sentido a seguir viviendo. A través de sus escritos, su pesimista idea de existir persigue una intención clara:

"El mío es el punto de vista del pesimismo integral, la inutilidad de que no importa qué acción realicemos sea espontánea o no. Intento sacudir el mundo del letargo en que se halla, por medio de un arma punzante: la palabra escrita".

Su grito es con la denuncia, contra la corrupción, la manipulación política, el abuso del poder y la hipocresía que nos hunde en una ciénaga sin salida. Se trata de huir de la confabulación diseñada por un supuesto "bien" y el "orden establecido" que actúa disfrazada de libertad, justicia y democracia. Cree que la civilización moderna es la organización del gran fraude.

"Todo lo que vivimos es solamente fachada. No sólo habitamos un mundo absurdo e injusto, sino falso. Los resultados del progreso de este mundo, son desastrosos. En el terreno material, el avance tecnológico aprovecha cada vez a menos personas y llegará un momento (muy cercano) en que sólo estará al servicio de entes abstractos (virtuales). Por el contrario, el hambre y el desamparo y la violencia cada vez abarca más terrenos. El espíritu se halla más alejado de los valores morales y culturales y su valoración es altamente arbitraria. La confusión es total. El bien y el mal, lo digno y lo indigno, el fraude, la escala de valores, la ética... para la sociedad de consumo todo es susceptible de manipular y tergi-

versar. Todo es bueno para adulterar y deformar, mientras el rebaño de individuos lo permita.

Entre este robo legalizado y esa expoliación espiritual, el hombre de hoy debe traicionar su destino y subvertir aniquilando el sistema político, financiero y de valores, sino quiere sucumbir a la auto destrucción".

"Jamás como en la época actual, el hombre ha vivido tan distorsionado. Para subsistir es necesario hacer lo contrario de lo que se predica. Los valores imaginados anteriormente se desvanecen frente a los falsos valores impuestos. Amar la paz significa ir a la guerra, amar al prójimo significa aniquilarlo, la caridad va asociada a la humillación, la cultura se confunde con el ocio, el saber es parcelado y empequeñecido con la especialización. Nos obligan a saber mucho de muy poco y por ello, nunca sabremos realmente nada. La civilización resulta así, un atentado contra la condición humana. Personalmente, nunca he querido convertirme en un resignado como los otros".

Campalans cree firmemente que hemos llegado al final de las culturas, de las ideologías, de los mitos religiosos, del arte, de la política que nos ha conducido a esta evidente decadencia generalizada.

"La gente es cada día más estúpida, la literatura vacía y los medios de comunicación más vulgares y falsos. No existe nada ni nadie con coherencia y el espíritu del hombre es una

amalgama de criterios insulsos. Lo que domina es una gran inercia sin sentido".

Tras escribir su último libro, Campalans se sumerge en una profunda crisis que le lleva a cuestionarlo absolutamente todo y desde todos los ángulos críticos. Su obsesión por analizar y criticar el más mínimo detalle le hunde en una pesadilla mental. Su comportamiento diario provoca extrañeza, luego molestia y finalmente rechazo. Los fantasmas llenan su vida y se le diagnostica esquizofrenia, siendo internado en un centro sanitario para enfermos mentales.

"Creía que rechazaba al mundo y ahora veo que el mundo me rechaza a mí. Quiero que sepáis, que yo rechazaba el vacío. Este ha sido mi sufrimiento, mi obsesión: no aceptar el vacío que estaba en mí. Este vacío que la gente acepta y a la que la mayoría se entrega para tener la ilusión de existir. Cuando te resistes a ello, el vacío te penetra más y más".

El genio y el loco acostumbran a ser excluidos de la sociedad, porque ésta solamente acepta seres inconclusos y seres que no perturben el equilibrio de su caos. Todo aquel que se siente verdaderamente humano tiene el germen de la locura en sí, que no es otra cosa que la resistencia a aceptar un mundo ficticio deshumanizado. Cualquier forma de locura es una ruptura con ese mundo. ¿Pero qué es un hombre "normal"? No se trata de aquel que forma parte de la masa humana regida fundamentalmente por el egoísmo y el odio pero que predica la generosidad y el amor. Toda esta organización paranoica se inscribe en una escenografía verbal que oculta el panorama de la sordidez general. Loco es aquel que de alguna manera decide no participar y no acepta vivir en el mundo llamado "normal".

"No es para este mundo, que todos hemos trabajado y luchado, aullando de horror y hambre, de odio y de asco, siendo envenenados y embrujados hasta el suicidio. No deseo contar más historias; quiero maravillarme con el color de mi realidad y el aroma de mi ilusión soñada. La textura de mis pensamientos me confirman su razón".

Campalans se suicidó en el Sanatorio donde vivió los últimos cinco años de su vida. Nadie se suicida completamente solo, del mismo modo que nadie está solo al nacer. Se precisan un ejército de seres maléficos para que un cuerpo decida privarse de su propia vida. Fue enterrado en el Cementerio de Montparnasse, junto a la tumba de su familia. En noviembre de 1987, pocos años después de su muerte, se vende en subasta toda su propiedad literaria, fotografías, dibujos, manuscritos y un centenar de pequeños cuadernos de viajes con anotaciones. Entre los documentos subastados se encuentran los textos de *"Notas de la desgracia y la ilusión".*

*

PIOTR KROPOTKIN

(Piotr Alexeiévich Kropotkin; Moscú, 1842 - Dmitrov, 1921). Revolucionario y teórico del anarquismo ruso. Nacido en una familia aristocrática, fue instruido para la carrera militar. Durante su destino en Siberia contribuyó a la exploración de aquel territorio y adoptó las ideas anarquistas, influido por Proudhon y Bakunin.

A raíz de la represión de la insurrección de Polonia en 1863, abandonó el Ejército y se dedicó a la Geografía, asumiendo posturas críticas contra el régimen zarista. Durante sus viajes por Europa y Asia tomó contacto con activistas anarquistas. En 1872 se afilió a la Primera Internacional (la AIT), en cuyo seno apoyó la corriente anarquista de Bakunin en contra del liderazgo de Marx.

Cuando regresó a Rusia, en 1874, fue detenido por sus actividades revolucionarias, pero consiguió evadirse y huir a Francia en 1876. Allí participó en los intentos de reunificación del movimiento obrero internacional y fundó la revista *El Rebelde,* en cuyas páginas defendió las ideas anarquistas y la necesidad de hacerlas realidad mediante el uso de la violencia. En 1882 fue detenido por las autoridades francesas, pasando a Inglaterra tras su excarcelamiento en 1886.

Entre las obras de Kropotkin destacan *La conquista del pan* (1888), *Campos, fábricas y talleres* (1899), *El apoyo mutuo* (1902) y *Memorias de un revolucionario* (1906). En ellas definió el comunismo libertario, ideología predominante entre los anarquistas de la época, que vino a sustituir al colectivismo de Proudhon y Bakunin. Consistía en defender la organización colectiva de la producción en comunas autosuficientes, regidas por una concepción del mundo estrictamente científica, unas relaciones sociales basadas en el apoyo mutuo y una moral de libertad, solidaridad y justicia. Gradualmente fue adoptando posiciones más moderadas: preconizó vías de acción eminentemente políticas, valoró positivamente la lucha sindical como medio de despertar la conciencia revolucionaria de las masas, e incluso recomendó a sus seguidores apoyar al bando aliado en la Primera Guerra Mundial. Nada más estallar la Revolución rusa (1917) regresó a Rusia y prestó su apoyo tanto al gobierno de Kerenski como al de Lenin; sin embargo, enseguida empezó a criticar el poder dictatorial de los bolcheviques. Murió cuando intentaba formar un grupo político de inspiración anarquista en la Rusia soviética.

*

Desde la perspectiva anarquista, se le ha achacado al ideario kropotkiniano dos grandes fallas: su fatalismo teórico (puesto que la sociedad anarquista es un desarrollo lógico de la sociedad humana, no tendría ningún objeto luchar por su consecución, bastando esperar su llegada) y su optimismo excesivo: pensaba que bastaría con abolir el privilegio de los capitalistas y el poder de los gobernantes para que todos los hombres se pusieran a quererse inmediatamente como hermanos y a cuidar los intereses de los otros como los suyos propios. Kropotkin jamás consideró utópico su anarquismo, sosteniendo siempre que constituía un método de organización social susceptible de llevarse a la práctica en cualquier momento. Pero, si bien continuó creyendo que el anarquismo estaba preparado para el mundo, fue convenciéndose de que el mundo no estaba preparado para el anarquismo.

Su método de trabajo era extraño y su problema, el orden. Sabía tanto, pensaba tanto, sentía tanto, que parecía imposible que pudiese encerrarse dentro de unos límites. Producía hojas y hojas de exuberante prosa escribiendo a gran velocidad y de forma dispersa. Luego percibía omisiones y realizaba decenas de correcciones que rematada con lazos, llaves, círculos y notas al margen. Todo parecía inseguridad y caos. En sus *"Memorias de un revolucionario"* hallamos un relato lleno de color y de vida, que prescinde de lo sentimental, pero rico en referencias a la historia de los hombres de su tiempo y de su tierra y del movimiento obrero en la Europa de su época.

"Durante mi juventud y en mi estancia en Siberia, las vivencias me enseñaron muchas cosas que hubieran sido difíciles de aprender. Me di cuenta de la imposibilidad de hacer algo realmente valioso por el pueblo a través de la maquinaria administrativa. Esa ilusión la perdí para siempre. Empecé a comprender no sólo al hombre y su carácter, sino también las motivaciones internas que impulsan el desarrollo de la sociedad humana. El trabajo constructivo de la gente anónima, que casi nunca se menciona en los libros y su importancia para el avance de la sociedad. Aprendí lo que no se aprende en los libros. Comencé a apreciar la diferencia que existe entre obrar de acuerdo al principio del mando y la disciplina o según el principio del entendimiento mutuo. Perdí la fe en la disciplina del Estado".

El libro *«Palabras de un Rebelde»* fue publicado en 1885 y se trata de una recopilación de sus escritos. En este conjunto de textos, Kropotkin se plantea la relación entre el individuo y el Estado, la función política de los jóvenes, los conceptos de ley, autoridad o gobierno y hace una aguda crítica de aspectos de la situación política de su tiempo en Europa, que no han cambiado. En definitiva, es una profunda introducción de los grandes temas del pensamiento anarquista, obra de uno de sus intelectuales más insignes.

EL APOYO MUTUO (Kropotkin)
Introducción a la 3ª edición en español.

"El apoyo mutuo" es la obra más representativa de la personalidad intelectual de Kropotkin. En ella se encuentran expresados por igual, el hombre de ciencia y el pensador anarquista; el biólogo y el filósofo social; el historiador y el ideólogo. Se trata de un ensayo enciclopédico que abarca casi todas las ramas del saber humano, desde la zoología a la historia social, desde la geografía a la sociología del arte, puestas al servicio de una tesis científico-filosófica que constituye una particular interpretación del evolucionismo darwiniano. Puede decirse que dicha tesis llega a ser el fundamento de toda su filosofía social y política y de todas sus doctrinas e interpretaciones de la realidad contemporánea.

Para él, la lucha por la vida y la supervivencia del más apto (expresión que usaba desde 1852), representan no solamente el mecanismo por el cual la vida se transforma y evoluciona; también es la única vía de todo progreso humano. Para Kropotkin igual que para Aristóteles, la sociedad es tan connatural al hombre como el lenguaje. Nadie como el hombre merece el apelativo de "animal social". Pero se opone a Aristóteles al no admitir la equivalencia que éste establece entre animal social y "animal político". Según Kropotkin, la existencia del hombre depende siempre de una coexistencia. El hombre existe para la sociedad, tanto como la sociedad para el hombre.

El biólogo Ashley Montagu escribe a este respecto:

"Es un error generalizado creer que Kropotkin se propuso demostrar que es la ayuda mutua y no la selección natural o la competencia el principal o único factor que actúa en el proceso evolutivo".

Kropotkin cree demostrar ampliamente su tesis. El hombre prehistórico vivía en sociedad: las cuevas de los valles de Dordogne, por ejemplo, fueron habitadas durante el paleolítico y en ellas se han encontrado numerosos instrumentos de sílice. Durante el neolítico, según se deduce de los restos, los hombres vivían y laboraban en común y al parecer, en paz. También estudia, valiéndose de relatos de viajeros y estudios etnográficos, las tribus primitivas que aun habitan fuera de Europa (bosquimanos, australianos, esquimales, papúes, etc.) en todas las cuales encuenta abundantes pruebas de altruismo y espíritu comunitario entre los miembros del clan y de la tribu. Adelantándose en cierta manera a estudios etnográficos posteriores, intenta desmitificar la antropofagia, el infanticidio y otras prácticas semejantes (que antropólogos y misioneros de la época utilizaban sin duda para justificar la opresión colonial). Pone de relieve, por el contrario, la abnegación de los individuos en pro de la comunidad, el débil o inexistente sentido de la propiedad privada, la actitud más pacífica de lo que se suele suponer y la falta de gobierno. En este, punto, Kropotkin es evidentemente un precursor de la actual antropología política. El hombre no es ni un modelo de inocencia ni una bestia sanguinaria y feroz. En su lucha por la vida -dice Kropotkin- el hombre primitivo llegó a identificar su propia existencia con la de la tribu, y sin tal identificación jamás hubiera llegado la humanidad al nivel en que hoy se halla.

Si los pueblos "bárbaros" parecen caracterizarse por su incesante actividad bélica, ello se debe, en buena parte, según nuestro autor, al hecho de que los cronistas e historiadores, los documentos y los poemas épicos, sólo consideran dignas de mención las hazañas guerreras y pasan casi siempre por alto las proezas del trabajo, de la convivencia y de la paz. Gran importancia concede a la comuna aldeana, institución universal y célula de toda sociedad futura, que existió en todos los pueblos y sobrevive aun hoy en algunos. En lugar de ver en ella, como hacen no pocos historiadores, un resultado de la servidumbre, la entiende como organización previa y hasta contraria a la misma. En ella no sólo se garantizaban a cada campesino los frutos de la tierra común sino también la defensa de la vida y el solidario apoyo en todas las necesidades de la vida. Enuncia una especie de ley sociológica al decir que, cuanto más íntegra se conserva la obsesión comunal, tanto más nobles y suaves son las costumbres de los pueblos. De hecho, las normas de los bárbaros eran muy elevadas y el derecho penal relativamente humano frente a la crueldad del derecho romano. Las aldeas fortificadas, se convirtieron desde comienzos del Medioevo en ciudades, que llegaron a ser políticamente análogas a las de la antigua Grecia. Sus habitantes, con unanimidad que hoy parece casi inexplicable, sacudieron por doquier el yugo de los señores y se rebelaron contra el dominio feudal. De tal modo, la ciudad libre medieval, surgida de la comuna bárbara (y no del municipio romano), llega a ser la expresión tal vez más perfecta de una sociedad humana, basada en el libre acuerdo y en el apoyo mutuo. Kropotkin sostiene, a partir de aquí, una interpretación de la Edad Media que contrasta con la historiografía de la Ilustración y también, en gran parte, con la historiografía liberal y marxista. Sin embargo, dicha interpretación supone en el Medioevo un claro dualismo por una parte, el lado oscuro, representado por la estructura vertical del feudalismo (cuyo vértice ocupan el emperador y el papa); por otra, el lado claro y luminoso, encarnado en la estructura horizontal de las ligas de ciudades libres (prácticamente ajenas a toda autoridad política). Para Kropotkin, la ciudad libre medieval es como una preciosa tela, cuya trama está constituida por los hilos de los gremios. El mundo libre del Medioevo es, a su vez, una tela más vasta (que cubre toda Europa, desde Escocia a Sicilia y desde Portugal a Noruega), formada por ciudades libremente federadas y unidas entre sí por pactos de solidaridad análogos a los que unen a los individuos en gremios en la ciudad.

La resurrección del derecho romano y la tendencia a constituir Estados centralizados y unitarios, regidos por monarcas absolutos, caracterizó el comienzo de la época moderna. Esto puso fin no sólo al feudalismo (con la domesticación de los aristócratas, transformados en cortesanos) sino también en las ciudades libres. Los ciudadanos se convierten en leales súbditos burgueses del rey. No por eso desaparece el impulso connatural hacia la ayuda mutua y hacia la libertad, que se manifiesta en la prédica comunista y libertaria. Y aunque es verdad que la edad moderna comparte un crecimiento maligno del Estado que como cáncer, devora las instituciones sociales libres y promueve un individualismo malsano, secuela del régimen capitalista cuyo impulso no ha muerto. Se manifiesta durante el siglo XIX, en las uniones obreras, que prolongan el espíritu de gremios y guiadas en el contexto de la lucha obrera contra la explotación capitalista.

Algunas reflexiones e ideas de Koprotkin

"La prensa alaba todos los días, en todos los tonos, el valor y el alcance de las libertades políticas, de los derechos políticos de los ciudadanos: sufragio universal, libertad de prensa, de reunión, etc. Pero... libertad de prensa y reunión, inviolabilidad de domicilio y todo lo demás son respetados sólo con la condición de que el pueblo no los utilice contra las clases privilegiadas".

"Para mantener los privilegios es necesario un vasto conjunto de tribunales, de jueces y de verdugos, de esbirros y carceleros, y este mismo conjunto se convierte en el origen mismo de todo un sistema de delaciones, engaños, amenazas y corrupción".

"Un gobierno jamás podrá ser verdaderamente revolucionario".

"La libertad no se da, se toma".

"El trabajo no debe ser una maldición del destino, sino el libre ejercicio de todas las facultades del hombre".

"Somos utopistas, tanto que llegamos a creer que la revolución debe y puede garantizar a todos: alojamiento, vestido y pan".

"El origen del Estado y su razón de ser, estriba en el hecho de que trabaja en favor de las minorías y en contra de las mayorías".

"Se comprende fácilmente que, sin respeto, simpatía ni apoyo mutuo, la especie degenera. Pero eso no importa a la clase directiva e inventa toda una ciencia falsa para probar lo contrario".

"La historia del pensamiento humano es similar a las oscilaciones del péndulo. Luego de un largo periodo de sueño, ocurre un despertar y entonces se libera de las cadenas con las que los gobernantes, magistrados y clérigos la habían atado. Critica severamente lo que se le enseñara y desnuda la vanidad de los prejuicios religiosos, políticos legales y sociales; investiga, va por caminos desconocidos, hace ricos descubrimientos imprevistos y crea nuevas ciencias".

"En una sociedad basada en la explotación y la servidumbre, la naturaleza humana se degrada".

*

UNOS Y OTROS en amalgama

Un marginal habla con otro

Somos una raza mal vista, ¿eh, compañero? Nuestro mundo es un mundo en el que faltan ojos para identificar la realidad, piernas y brazos para moverse mejor y agallas para responder. La mayoría o está inmóvil, o tiene miedo y únicamente echa espuma por la boca como respuesta a su débil inconformismo. Ya no saben morder a quien lo merece, puesto que sus dientes se los ha desgastado la podredumbre masticada y la ausencia de un buen uso. Tartamudean con la boca llena de dudas y les cae la baba de la impotencia. Nosotros somos una raza aparte, para contradecir a los que han pactado con la ignorancia y la mendicidad. ¿No te parece compañero? - termina el marginal.

Por mucho que te disfraces, **esclavitud y servilismo**, siempre serás una bebida amarga y aunque miles de hombres hayan tenido que beberte, no es por ellos menor tu amargura. En cuanto a ti, **libertad**, todos te adoran pues tu sabor es el más grato de los sabores, pero el más complicado de digerir.

Todo ser humano se disuelve entre dos polos vividos instintivamente y que determinan su vida. **Querer** y **poder**. El querer nos abrasa en el conseguir, y el poder conseguirlo acaba destruyéndonos. Para compensarlo, algunos visionarios buscan el **saber** que mantiene nuestro equilibrio en cierto estado de tranquilidad. La mayoría sucumbe en el

intento. ¿Qué es la locura sino el exceso desbocado de un querer o la incapacidad de un poder?
Cada suicidio es un poema sublime a la incapacidad y a la melancolía.

*

La búsqueda incontrolada de felicidad puede provocar cierta dolencia que acaba con nuestras fuerzas, como la desgracia borra nuestras míseras virtudes.

¿Por qué la pasión por destruir forma parte del descubrimiento del mundo? El niño disfruta abriendo el juguete mecánico para ver el misterio de su interior. Se trata de una mezcla de curiosidad, sadismo y ansias de saber. Tengo de todo y por eso mi angustia es aún más patética. Estoy cansado de buscar y no sé qué busco. Nos cuesta reconocerlo, pero nos complace ver el sufrimiento de los demás.

*

Cavilaciones de un revolucionario (fragmento)

"Los debilitamientos trágicos: comer cuando no se tiene hambre. Beber cuando no se tiene sed. Moverse cuando se necesita descanso. Copular cuando se carece de amor. ¡Sabiamente nos conduce la naturaleza! Cuando tenemos hambre, al pan. Cuando tenemos sed, al agua. Cuando estamos cansados, al sueño. Cuando estamos llenos de amor, a la mujer. No tomarse la propia vida más en serio que una pieza de Shakespeare. ¡Pero tampoco menos! Dejar que la vida se apodere de uno como en el teatro. El teatro de la vida. ¡Ser el espectador ideal de uno mismo! ¡Estar del todo concentrado y, sin embargo, saber salir luego de los embrollos e intrigas al aire fresco de la noche! ¡Haber vivido lo que no se ha vivido y no haber vivido lo que se ha vivido! ¡Así te purificas de ti mismo! Tus propias tragedias te proporcionan la sonrisa de la sabiduría."

(Peter Altenberg)

*

Vicio o virtud   (Marqué de Sade)

La felicidad del hombre no estriba en la elección que pueda hacer entre el vicio o la virtud, puesto que tanto uno como la otra no son más que una manera de actuar en el mundo; no se trata de seguir a cualquiera de ellos. El acierto reside en seguir el camino más común. Si este mundo estuviera consagrado a la virtud, yo aconsejaría practicarla, pues ello produciría felicidad y toda clase de compensaciones; pero en un mundo corrompido sólo aconsejo el vicio. Aquel que se separa del camino de los demás, perece sin remisión, se coloca en oposición con todo, y como esto es su debilidad, sucumbe. Resulta inútil que las leyes traten de restablecer el orden y guiar a los hombres a la virtud; son demasiado viciosos para ejercerla y demasiado débiles para imponerla. En nuestro mundo, el interés de la mayoría es propicio a la corrupción, y aquel que se resista a corromperse con los demás se opondrá al interés de la mayoría. ¿Puede gozar de la felicidad el que constantemente se opone al interés de la mayoría? El vicio únicamente es nocivo para la virtud, pues ésta, que es débil y tímida, no se atreve jamás a nada; pero si es suprimida del mundo, el vicio, al ultrajar sólo al vicioso, no turbará nada, suscitará otros vicios, pero con seguridad no alterará ninguna virtud.

(…) Los remordimientos no son más que una quimera, un rumor estúpido de las almas débiles, que deben ser ahogados. ¿Es posible acallarlos? Nada más fácil. Sólo nos arrepentimos de lo que es costumbre hacerlo. Practicad muy seguido lo que os produce remordimiento y conseguiréis sofocarlos; oponedles la llama de las pasiones, las leyes robustas del interés y no tardarán en esfumarse. El remordimiento solamente es fruto de la ignorancia, la timidez y la educación. Es necesario tener el valor de transgredir todos los límites.

"Los infortunios de la virtud" Marqués de Sade

*

PIER PAOLO PASOLINI (cineasta-escritor 1922-1975)

No hay nada que obligue tanto a mirar las cosas como hacer una película. La mirada de un literato sobre un paisaje rural o urbano puede excluir una infinidad de cosas, recortando del conjunto los elementos que le emocionan o le son útiles. La mirada de un director de cine sobre ese mismo paisaje, en cambio, no puede dejar de tomar consciencia de todas las cosas que hay en él, casi inventariándolas.

¿Qué debemos hacer? Ser coherentes con las propias ideas y tratar de hacer eso mínimo que uno puede. ¿Qué quieres hacer? En definitiva... ¿Creer? Incluso no creer. Basta que el no creer sea dinámico. Muchas veces uno que no cree y hace de este no creer una bandera, llega a algo. La verdadera realidad es que el hombre contemporáneo no cree y cree.

El hecho de tolerar a alguien es lo mismo que condenarle. La tolerancia es incluso una forma más refinada de condena. En realidad, al tolerado se le dice que haga lo que quiera, que tiene todo el derecho del mundo a seguir su propia naturaleza, que su pertenencia a una minoría no significa para nada inferioridad. Pero su diversidad o mejor, su culpa de ser diferente, sigue siendo la misma tanto ante quien ha decidido tolerarla como ante quien ha decidido condenarla.

(...) La responsabilidad de la televisión en todo, es enorme. No solamente en cuanto medio técnico, sino en cuanto instrumento del poder y poder en sí misma. No es sólo un lugar a través del cual pasan los mensajes, sino que es un centro elaborador de mensajes. Es el lugar donde se hace realidad una mentalidad que de otro modo no se sabría dónde colocar. Es mediante el espíritu de la televisión que se manifiesta en concreto el espíritu del nuevo poder. No hay duda (se ve por los resultados) que la televisión es autoritaria y represiva como ningún medio de información en el mundo lo ha sido nunca.

Hay que inventar nuevas técnicas que sean irreconocibles, que no se parezcan a ninguna operación precedente, para evitar así la puerilidad y el ridículo. Hay que construirse un mundo propio, con el cual no haya comparaciones posibles. Para el cual no existan medidas de juicio anteriores. Las medidas deben ser nuevas, como la técnica. Ninguno debe entender que el autor no vale nada, que es un ser anormal, inferior, que es como un gusano que se retuerce para sobrevivir. Ninguno debe pescarlo en falta de ingenuidad. Todo debe presentarse como perfecto, basado sobre reglas desconocidas y por lo tanto, imposibles de juzgar.

¿Qué es la cultura de una nación? Corrientemente se cree, también por parte de las personas cultas, que es la cultura de los científicos, de los políticos, de los profesores, de los literatos, de los cineastas... la cultura de la inteligencia. En cambio no es así. Y no es siquiera la cultura de las clases dominantes que trata de imponerla al menos formalmente. No es finalmente tampoco la cultura de la clase dominada, es decir la cultura popular de los obreros y de los campesinos.

La cultura de una nación es el conjunto de todas estas culturas de clases: es la media de ellas.

La ideología consumista... en vez de llevar una bandera, se ponen ropas que son una bandera. Han cambiado algunos medios y algunos instrumentos externos, pero, en la práctica, es un empobrecimiento de la individualidad que se disfraza a través de su valorización.

*

Todos estamos en peligro   (entrevista a Pasolini)

Esta entrevista tuvo lugar el sábado 1 de noviembre de 1975, pocas horas antes que Pasolini fuera asesinado. Le pregunté si quería dar un título a su entrevista. Se lo pensó un poco y dijo que no tenía importancia, y luego... *He aquí la semilla, el sentido de todo* -dijo- . *Tú no sabes quién está pensando en matarte ahora. Pon este título, si quieres: "Porque estamos todos en peligro".*

Pasolini, en tus artículos y en tus escritos has dado muchas versiones de lo que detestas. Has abierto una lucha, solo, contra muchas cosas, instituciones, convicciones, personas, poderes. Para que sea menos complicado el discurso yo diré «la situación», y tú sabrás que quiero hablar de la escena en contra de la que, en general, te bates. Ahora te hago esta objeción. La «situación», con todos los males que tú dices, contiene todo lo que te permite ser Pasolini. Quieto decir: tuyo es el mérito y el talento. ¿Pero los instrumentos? Los instrumentos son de la «situación». Editorial, cine, organización, hasta los objetos. Pongamos que el tuyo sea un pensamiento mágico. Haces un gesto y todo desaparece. Todo eso que detestas. ¿Y tú?

- *He entendido. Pero ese pensamiento mágico yo no sólo lo intento, sino que me lo creo. No en el sentido mediático. Sino porque sé que golpeando siempre sobre el mismo clavo puede hasta derribarse una casa. En pequeño, un buen ejemplo nos lo dan los radicales, cuatro gatos que consiguen remover la conciencia de un país (y tú sabes que no siempre estoy de acuerdo con ellos, pero precisamente ahora estoy a punto de salir para ir a su congreso). En grande, el ejemplo nos lo da la historia. El rechazo ha sido siempre un gesto esencial. Los santos, los ermitaños, pero también los intelectuales.* **Los pocos que han hecho la historia son aquellos que han dicho no**, *en absoluto los cortesanos y los ayudantes de los cardenales.* **El rechazo, para funcionar, debe ser grande**, *no pequeño, total, no sobre este o aquel punto, no de sentido común.*

- Cuál es, «la situación», y por qué se debería pararla o destruirla. Y cómo.

- *Pretendo que mires a tu alrededor y te des cuenta de la tragedia. ¿Cuál es la tragedia?* **La tragedia es que ya no somos seres humanos, somos extrañas locomotoras que chocan unas contra otras.** *Y nosotros, los intelectuales, cogemos el horario de los trenes del año pasado, o de hace diez años, y decimos: qué extraño, esos dos trenes no pasan por ahí, ¿cómo es que se han destrozado de esa manera? O el maquinista se ha vuelto loco o es un criminal aislado o se trata de un complot. El complot, sobre todo, nos hace delirar. Nos libera de todo el peso de enfrentarnos solos a la verdad. Qué bien si mientras nosotros estamos aquí charlando alguno en una taberna está haciendo planes para deshacerse de nosotros. Es fácil, es sencillo, es la resistencia. Perderemos algunos camaradas y* *después nos organizaremos y quitaremos de en medio a los otros, ¿no te parece? Sé que cuando emiten en televisión ¿Arde París? Todos están ante el televisor, con lágrimas en los ojos y unas ganas locas de que la historia se repita, bella, limpia (un efecto del tiempo es que "lava" las cosas, como las fachadas de las casas). Sencillo; yo aquí, tú allí. No hagamos bromas con la sangre, el dolor, la fatiga que la gente pagó entonces por "elegir". Cuando estás con la cara aplastada contra aquel momento, aquel minuto de la historia, elegir es siempre una tragedia. Pero, admitámoslo, era más sencillo. El fascista de Saló, el nazi de las SS, el hombre normal, con la ayuda del valor y de la conciencia, consigue rechazarlo, incluso de su vida interior (que es donde empieza siempre la revolución). Pero ahora no. Uno se te viene encima vestido de amigo, es gentil, cortés, y "colabora" (pongamos que en la televisión), por ir tirando o porque no es un delito. El otro o los otros, los grupos, te salen al encuentro o se te echan encima con sus chantajes ideológicos, con sus sermones, sus prédicas, sus anatemas, y tú sientes que también son amenazas. Desfilan con banderas y consignas, pero ¿qué los separa del "poder"?*

- ¿Qué es el poder, según tú, dónde está, dónde se encuentra, como lo sacas de su madriguera?

- **El poder es un sistema de educación que nos divide en subyugados y subyugadores.** *Pero cuidado. Un mismo sistema educativo que nos forma a todos, desde las llamadas clases dirigentes hasta los pobres. Por eso todos quieren las mismas cosas y se portan de la misma manera. Si tengo en las manos un consejo de administración o una operación bursátil, los utilizo. Si no, una barra de hierro. Cuando utilizo una barra de hierro hago uso de mi violencia para obtener lo que quiero. ¿Por qué lo quiero? Porque me* *han dicho que es una virtud quererlo. Ejerzo mi derecho-virtud. Soy asesino y soy bueno.*

- Te han acusado de no distinguir política e ideológicamente, de haber perdido el sentido de la diferencia profunda que tiene que haber entre fascistas y no fascistas, por ejemplo entre los jóvenes.

- *Por eso te hablaba del horario ferroviario del año pasado. ¿Nunca has visto esas marionetas que hacen reír tanto a los niños porque tienen el cuerpo vuelto de una parte y la cabeza de la otra? Me parece que Totó hacía un truco parecido. Así veo yo la inmensa tropa de intelectuales, sociólogos, expertos y periodistas de las intenciones más nobles, las cosas suceden aquí y la cabeza mira hacia allá. No digo que no exista el fascismo. Digo: dejad de hablarme del mar mientras estamos en la montaña. Este es un paisaje distinto. Aquí existe el deseo de matar. Este deseo nos ata como hermanos siniestros de un fracaso siniestro de todo un sistema social. También a mí me gustaría que todo se resolviese con aislar a la oveja negra. También veo las ovejas negras. Veo muchas. Las veo todas. Este es el problema, ya se lo he dicho a Moravia: por la vida que llevo pago un precio... es como uno que baja al infierno. Pero cuando vuelvo - si vuelvo - he visto otras cosas, más cosas. No digo que tengáis que creerme. Digo que tenéis que cambiar continuamente de discurso para no enfrentaros a la verdad.*

- ¿Y cuál es la verdad?

- *Siento haber utilizado esta palabra. Quería decir «evidencia». Deja que ponga otra vez las cosas en orden.* **Primera tragedia: una educación común, obligatoria y equivocada que nos empuja todos a la competición por tenerlo todo a toda costa.** *A esta arena nos empuja como una extraña y oscura armada en la que unos tienen los cañones y otros tienen las barras de* *hierro*. *Entonces, una primera división, clásica, es «estar con los débiles». Pero yo digo que, en un cierto sentido, todos son los débiles, porque todos son víctimas. Todos son los culpables, porque todos están listos para el juego de la masacre. Con tal de tener.* **La educación recibida ha sido: tener, poseer, destruir.**

– Tú, mágicamente anulas todo. Pero vives de los libros, y necesitas inteligencias que lean. Es decir, consumidores educados del producto intelectual. Tú haces cine y necesitas no sólo de grandes plateas disponibles (de hecho por lo general tienes mucho éxito popular, o sea eres «consumido» ávidamente por tu público) sino también de una gran maquinaria técnica, organizativa, industrial, que está en medio. ¿Si quitas todo eso, con una especie de mágico monaquismo, qué te queda?

– *Me queda todo, o sea yo mismo, ser vivo, estar al mundo, ver, trabajar, comprender. Hay cientos de maneras de contar las historias, de escuchar las lenguas, de reproducir los dialectos, de hacer el teatro de los títeres. A los otros les queda mucho más. Pueden hacerme frente, cultos como yo o ignorantes como yo. El mundo se hace grande, todo pasa a ser nuestro y no tenemos que utilizar ni la Bolsa, ni el consejo de administración, ni la barra de hierro para depredarnos. Ves, en el mundo que muchos de nosotros soñábamos (repito: leer el horario de trenes del año anterior, pero en este caso podemos decir de muchos años antes) había el patrón infame con el sombrero de copa y los dólares que se le colaban de los bolsillos y la viuda demacrada que pedía justicia con sus niños. El buen mundo de Brecht, en suma.*

– Es como decir que tienes nostalgia de aquel mundo.

– *¡No! Tengo nostalgia de la gente pobre y verdadera que peleaba para derribar a aquel patrón sin convertirse en aquel patrón. Como* *estaban excluidos de todo, nadie los había colonizado. Tengo miedo de estos negros en revuelta, iguales al patrón, otros saqueadores que quieren todo a toda costa. Esta oscura obstinación en la violencia total no deja ver ya «de que signo eres». A cualquiera que lleven al hospital al final de su vida sea llevado moribundo al hospital le interesa más -si tiene todavía un soplo de vida- qué le dirán los médicos sobre sus posibilidades de vivir que qué le dirán los policías sobre la mecánica del delito. Date cuenta de que yo no hago ni un proceso de intenciones ni me interesa ya la cadena causa efecto, primero ellos, o primero él, o quién es el jefe-culpable. Me parece que hemos definido lo que tú llamas la «situación». Es como cuando en una ciudad llueve y se han atascado las alcantarillas. El agua sube, es un agua inocente, agua de lluvia, no tiene ni la furia del mar ni la maldad de las corrientes de un río. Por la razón que sea no baja, sino que sube. Es la misma agua de lluvia de muchos poemitas infantiles y de las musiquillas del «cantando bajo la lluvia». Pero sube y te ahoga. Si hemos llegado a este punto yo digo: no perdamos todo el tiempo en poner una etiqueta aquí y otra allá. Veamos cómo se desatasca esta maldita bañera, antes que nos ahoguemos todos.*

- Y tú, por eso, quisieras que todos fuesen pastorcillos sin enseñanzas obligatorias, ignorantes y felices.

- Dicho así parece una estupidez. Pero la llamada enseñanza obligatoria fabrica a la fuerza gladiadores desesperados. La masa se hace más grande, como la desesperación, como la rabia. Admitamos que yo haya tenido una salida de tono (aunque no lo creo). Decidme vosotros otra cosa. Se entiende que añoro la revolución pura y directa de la gente oprimida que tiene el único objetivo de hacerse libre y dueña de sí misma. Se entiende que me imagino que pueda todavía llegar un momento así en la historia italiana y en la del mundo. Lo mejor de lo

que pienso podrá hasta inspirarme uno de mis próximos poemas. Pero no lo que sé y lo que veo. Quiero decir con toda franqueza: yo bajo al infierno y sé cosas que no molestan la paz de otros. **Prestad atención. El infierno está subiendo también entre vosotros.** *Es verdad que sueña con su uniforme y su justificación (a veces). Pero es también verdad que sus ganas, su necesidad de golpear con la barra de hierro, de agredir, de matar, es fuerte y es general. No será por mucho tiempo la experiencia privada y peligrosa de quién, cómo decirlo, ha tocado «la vida violenta». No os hagáis ilusiones. Vosotros, con la escuela, la televisión, vuestros periódicos, vosotros sois los grandes conservadores de este orden horrendo basado en la idea de poseer y en la idea de destruir. Dichosos vosotros que os quedáis tan felices cuando podéis poner sobre un crimen su buena etiqueta. A mi esta me parece otra de las muchas operaciones de la cultura de masa. Como no podemos impedir que pasen ciertas cosas, nos tranquilizamos encasillándolas.*

- Pero abolir tiene que decir a la fuerza crear, si no tú también eres un destructor. Los libros por ejemplo, ¿qué será de ellos? Esta gente salvada, en tu visión de un mundo diferente, ya no puede ser primitiva (esta es una acusación frecuente que te hacen) y si no queremos utilizar la represión «más avanzada»…

- *Que me da escalofríos.*

- Si no queremos utilizar frases hechas, una indicación tiene sin embargo que existir. Por ejemplo, en la ciencia-ficción, como en el nazismo, se queman siempre los libros como gesto inicial de exterminio. Cerradas las escuelas, clausurada la televisión, ¿cómo animas tu panorama?

- Creo haberme ya explicado con Moravia. Cerrar, en mi lenguaje, quiere decir cambiar. Cambiar pero de modo tan drástico y desesperado como drástica y desesperada es la situación. Lo que impide un verdadero debate con Moravia, pero sobre todo con Firpo, por ejemplo, es que parecemos personas que no ven la misma escena, que no conocen la misma gente, que no escuchan las mismas voces. Para vosotros una cosa ocurre cuando es una crónica, hecha, maquetada, editada y titulada. ¿Pero qué hay debajo? Aquí falta el cirujano que tiene el coraje de examinar el tejido y de decir: señores, esto es cáncer, no una cosita benigna. ¿Qué es el cáncer? Es una cosa que cambia todas las células, que las hace crecer todas de forma enloquecida, fuera de cualquier lógica precedente. ¿Es un nostálgico el enfermo que sueña con la salud que tenía antes, aunque antes fuera un estúpido y un desgraciado? Antes del cáncer, digo. Es decir, antes de todo será necesario hacer no sólo un esfuerzo para tener la misma imagen. Oigo a los políticos con sus formulismos, todos los políticos, y me vuelvo loco. No saben de qué país están hablando, están tan lejos como la luna. Los literatos. Los sociólogos. Y los expertos de todo tipo.

- ¿Por qué piensas que para ti ciertas cosas están más claras?

- No quisiera hablar más de mí; quizás he hablado demasiado. Todos saben que yo mis experiencias las pago personalmente. Están mis libros y mis películas. Quizás me equivoco, pero sigo diciendo que estamos todos en peligro.

- Si ves la vida así – o sé si aceptarás esta pregunta- ¿cómo piensas evitar el peligro y el riesgo?

Se ha hecho tarde, Pasolini no ha encendido la luz y se hace difícil tomar apuntes. Luego me pide que le deje las preguntas.

- Hay puntos que me parecen demasiado absolutos. Deja que lo piense, que los relea. Dame tiempo para encontrar una conclusión. Tengo una cosa en mente para responder a tu pregunta. Para mí es más fácil escribir que hablar. Te dejo las notas que añada, mañana por la mañana».

Al día siguiente, el cuerpo sin vida de Pier Paolo Pasolini estaba en el tanatorio de la policía de Roma.

(Texto de la entrevista de Furio Colombo)

*

Pier Paolo Pasolini quiso ser un hombre libre y para ello hurgó en los rincones más ocultos de su formación, de sus vivencias, de sus impulsos y de su inteligencia para arrancar las malas hierbas de lo impuesto, de lo asumido sin crítica, de lo obligatorio y de lo "moral". Pese a considerarse comunista (nunca un comunista ortodoxo), sabía que ninguna idea era definitiva, que la verdad no era algo que pueda atraparse, sino algo que "sucede" en el encuentro de elementos diversos. Expuso sin reservas en films y en libros todo lo que encontró. Fue juzgado e insultado, resistiendo sin abandonar su búsqueda, hasta su asesinato la noche del 1 de noviembre de 1975. ¿Quién martirizó y asesinó a Pasolini, mártir de la libertad? Aunque sus asesinos, tenían nombre y apellidos, lo más inquietante es que le asesinó un ente colectivo: le asesinó la sociedad. Sus enemigos se contaban en todos los bandos: su soledad era tal que ni siquiera sus amigos más cercanos le comprendían del todo. *"Se lo ha buscado por esas compañías suyas"*. Lo dramático, es que a Pasolini como a Jesucristo, no lo mataron los *rojos*, ni los *fascistas*, ni la ley, ni los delincuentes: lo mató "el Sistema".

En Pasolini se condensa el debate ético de la poesía contemporánea, la búsqueda de una reflexión que mantenga intacta la lealtad a los sueños, sin que esa lealtad nos aparte de la lucidez. El resultado es una conciencia que se sitúa en la vitalidad desesperada, una indagación sentimental que renuncia a la comodidad ofrecida, para situarse en las contradicciones de la historia y el deseo. En tiempos de cinismo, desorientación y debilidad cívica, la voz del Pasolini cineasta, escritor y poeta, es un grito contestatario al Sol.

*

CHARLES BAUDELAIRE   (1821-1867)

Después de una vida de excesos, marcada por la voluptuosidad y el desacato, Charles Baudelaire se ha convertido en un hombre maduro, abrumado por la estupidez de su entorno. La enfermedad le acosa y las deudas le mortifican. El tiempo se le escapa y quiere dejar sus "paraísos artificiales" y no sucumbir a la mediocridad. Sigue pensando que la vida es horror y éxtasis y que en pleno espejismo del progreso, el mundo sigue estando gobernado por ineptos. No ha conseguido llegar suficientemente a los lectores, pero sigue defendiendo sus ideas: mantiene una mirada cruda y acerada hacia sus semejantes. Escupe al mundo sus escritos, con la intención de demostrar que la nobleza espiritual también puede inspirar *"el asco y el horror universales"*. Su disconformidad con lo que le rodea es su virtud y su tormento.

"La voluptuosidad única y suprema del amor estriba en la certidumbre de hacer el mal. El ser humano, sabe desde que nace, que en el mal se halla toda voluptuosidad".

"Perdido en este mezquino mundo, a codazos con las multitudes, soy como un hombre abrumado cuyos ojos no ven, mirando hacia atrás en los años profundos, más que cansancio y amargura y ante sí una tempestad sin nada nuevo, sin dolor ni enseñanza".

"El mundo está hecho de gentes que sólo pueden pensar en común, en bandada. También hay gentes que no pueden di-

vertirse más que en rebaño. El verdadero héroe se divierte solo".

"Cuanto más se quiere, mejor se quiere.

Cuanto más se trabaja, mejor se trabaja y se quiere trabajar más.

Cuanto más se produce, se vuelve uno más fecundo.

Después de una orgía, siempre nos sentimos más solos y abandonados. Tanto en lo moral como en lo físico, he tenido de continuo la sensación del abismo, no solamente del abismo del sueño, sino del abismo de la acción, del ensueño, del recuerdo, del deseo, de la pena, del remordimiento.

He cultivado mi histeria con alegría y terror. Ahora, siempre tengo vértigo y hoy, he sufrido una clara advertencia: la de sentir pasar sobre mí el viento del ala de la imbecilidad".

El libro de poemas más divulgado de Baudelaire es *"La flores del mal"*, una obra de concepción clásica en su estilo y oscuramente romántica por su contenido, en la que los poemas se disponen de forma orgánica (aunque esto no es tan evidente en las ediciones realizadas tras la censura y el añadido de nuevos poemas). En ella, Baudelaire expone la teoría de *las correspondencias* y, sobre todo, la concepción del poeta moderno como un ser maldito, rechazado por la sociedad burguesa, a cuyos valores se opone. El poeta se entrega al vicio (singularmente la prostitución y la droga), pero sólo consigue el tedio y la indiferencia, al mismo tiempo que anhela la belleza y nuevos espacios. Es la conciencia del mal.

La publicación de *"Las flores del mal"* en 1857, le valió una condena por inmoralidad, debido sobre todo a un escandaloso artículo aparecido en *Le Figaro*. La sentencia lo obligó a excluir varios poemas de la obra, a lo que el autor se defendió diciendo que el libro debía ser "juzgado en su conjunto", tal como él lo había concebido: un poema total, que no seguía un orden cronológico sino un orden de finalidades. Con *Las flores del mal*, Baudelaire dio fin al ciclo del Romanticismo para abrir paso a la Modernidad, no sólo por la temática de su obra, sino por el replanteamiento estético que en ella se hace y que consiste en el descubrimiento de la belleza en lo "no bello". Baudelaire, el contestatario y el incomprendido.

*

Sébastien-Roch Nicolas, (CHAMFORT) 1741-1794

Moralista francés, lúcido y escéptico, firmó sus escritos con el pseudónimo de **Nicolas de Chamfort**. Fue elegido miembro de la Academia francesa en 1782. De padre desconocido, realizó sus estudios, como becario en un colegio de París. Demostró ser un alumno sobresaliente, pero fantasioso hasta el punto de protagonizar una fuga durante la cual pensó embarcarse para América. Fue perdonado por ello y pudo terminar sus estudios.

Para darse a conocer como escritor adoptó el nombre de Chamfort, sustituyéndolo por el simple nombre de Nicolás que había llevado hasta entonces. Fue conocido muy pronto al ganar unos premios de poesía otorgados por la Academia Francesa. Estrenó en la Comédie Française algunas obras que tuvieron éxito y decidió experimentar en diversos campos literarios. En 1789 fue lector de Mme Elisabeth, hermana del rey. Antes de la Revolución francesa fue uno de los escritores más apreciados en los salones parisinos, brillante y espiritual, escribió varias piezas de teatro. Celebró el advenimiento de la Revolución francesa y posteriormente condenando sus excesos. Fue secretario del club de los Jacobinos, amigo de Honoré Gabriel Riqueti, orador del pueblo, a quien le escribió sus discursos y sus informes; colaboró en la redacción de diversos periódicos. En 1792, fue nombrado director de la Biblioteca Nacional. El Comité de seguridad general le denunció por su oposición al Terror (había criticado los fallos y las violencias del partido revolucionario), encarcelado, intentó suicidarse y se salvó gracias a una intervención quirúrgica. Se recuperó pronto, pero al cabo de algunas semanas murió a causa de las heridas que él mismo se había producido.

La obra de Chamfort más célebre y la única leída en nuestros días, fue publicada en 1795: *"Máximes, caractères et anècdotes"*, extraído de sus notas manuscritas. La amargura de estos escritos anunciaba ya a Ambrose Bierce o George Bernard Shaw.

¿En qué consiste una máxima? Según Albert Camus, una máxima es una ecuación donde los signos del primer término se reencuentran en el segundo, en diferente orden. Por ello la máxima ideal es susceptible de ser vuelta al revés. Toda su verdad radica en ella misma. Chamfort no traduce en fórmulas su experiencia del mundo. Su arte sólo abunda en rasgos infinitamente justos, cada uno de los cuales representa un retrato o multitud de situaciones que el espíritu es capaz más tarde de restablecer. Tengo a Chamfort como uno de los más singulares moralistas: la moral, ese gran tormento de los hombres, constituye para él una pasión personal.

Chamfort postula que hay que anteponer el componente ético a todo tipo de brillantez intelectual. Hace equivaler la ambición con la falta de entendederas, y denuncia la inconsistencia de los políticos.

"Me gustan demasiado el reposo, la filosofía, las mujeres, el honor y la gloria auténtica y demasiado poco las pendencias, la hipocresía, los honores y el dinero".

"Nadie merece ser alabado por su bondad si no tiene la fuerza de ser malo".

"El género humano, malo por naturaleza, ha llegado a ser peor a causa de la sociedad. Cada hombre acarrea los defectos, primero de la humanidad, después del individuo y luego de la clase social que pertenece. Estos defectos se acrecientan con el tiempo y cada individuo conforme avanza en edad, herido por los defectos del prójimo y desgraciado con los propios, incuba por la humanidad y por la sociedad un desprecio que no puede dirigir más que contra una y la otra".

*

Johann Paul Friedrich Richter (JEAN PAUL 1763-1825)

Se trata de un lector precoz y autodidacta, que sus vivencias lo convierten en uno de los escritores más incómodos de la literatura alemana. Su estilo de escritura y sus temas, atrapan en una fusión entre perspicacia, humor y mordacidad. Su libro *"Elogio de la estupidez"* es una narración donde en primera persona, la estupidez nos cuenta sus vivencias y razones de ser. Escribió el libro a los dieciocho años cuando decide realmente ser escritor. Nos recuerda que además de mortales, somos en mayor o menor medida, puntualmente estúpidos y nadie puede sustraerse al influjo de la estupidez que adopta formas muy diversas y se disfraza con mil matices, incluso en la inteligencia y la sabiduría. En nuestra sociedad y entre individuos, los estúpidos siempre son los otros. La estupidez no es tanto un don natural, sino el mal uso de otros dones y defectos.

Jean Paul era hijo de un maestro de escuela, organista y posteriormente pastor y de una modesta fabricanta de paños. Se crio en un protestantismo muy rígido pero muy dinámico para acceder a la cultura. A los catorce años ya había leído una enorme cantidad de libros y viajado mucho con la familia por razones profesionales de su padre. Estudió teología en Leipzig pero rápidamente da muestras de su interés por la literatura. *"Estudiar algo que no se ama es luchar contra el asco, el aburrimiento y el fastidio para recibir un bien que no se codicia".*

Manirroto y de espíritu inquieto, en 1784 debe abandonar la ciudad huyendo de sus deudas. Se refugia en casa de su madre, ya viuda, y allí se encierra sin relacionarse con nadie sintiendo gran desprecio por todo cuanto le rodea. No termina de encajar en ningún lugar, con el convencimiento de que en el mundo no hay más que gente orgullosa e insoportable. Tres años de miseria y penalidades, hasta 1787 que empieza a ganarse la vida como maestro particular y empezando a publicar.

Goethe en una carta a Schiller opina de Jean Paul: *"Richter es un ser complicado que no tengo tiempo de contarle con detalle qué opinión me merece; antes debe usted verlo y luego hablamos. Se diría que le está ocurriendo lo que a sus libros: tan pronto se los tiene en demasiada estima como se los desprecia en exceso y no hay nadie que sepa a ciencia cierta por dónde coger a este singular individuo".*

Sobre la estupidez

La mejor manera de hablar de la estupidez sin caer en su trampa consiste en dejar que hable ella. Que nos hable de los beneficios que ha reportado a lo largo de los siglos a eruditos, poderosos, cortesanos, clérigos y dogmáticos, repletos todos con el don del orgullo, esa hada madrina que cumple todos los deseos del estúpido.

"Cada cual aprecia la estupidez que más se parece a la suya. Ora luzco en el cortesano exhibiendo méritos y unifor-

mes; ora me deslizo en el cerebro oscuro del filósofo, fundo sectas, demuestro lo absurdo mediante el silogismo; ora pido prestado un bello cuerpo de mujer, dejo que me admiren, me consagren poemas y me concedan dones de ingenio hipócrita; ora canto bajo la enjuta figura del poeta que colma a su protector de las virtudes que no posee; ora soy yo el protector mismo, que paga al estúpido el elogio de la estupidez; ora desciendo de las alturas y me deslizo en un clérigo, cuya figura sin embargo sólo adopto los domingos. Más todas esas metamorfosis no me procuran sino admiradores distintos. Soy la benefactora de la mayor parte de los hombres".

(La estupidez)

Sobre locos y sabios, idiotas y genios

Locos e idiotas: he aquí dos palabras que no significan una y la misma cosa, por más que a menudo se las confunda. Es fácil descubrir la diferencia. El idiota es la criatura digna de compasión cuyo ingenio jamás comprende sino un reducido número de ideas, ni se ve jamás completamente iluminado por los rayos de la verdad; el idiota es el pólipo que está a caballo del ser humano y el animal. El loco, por su parte, no es nada de todo eso: la mayoría son locos porque sabían demasiado o creyeron saber más de lo que era conveniente. Comprenden muchas cosas, pero justamente porque las aplican mal, enloquecen. El idiota nace y el loco se hace. El idiota se arrastra lenta-mente, a paso de caracol;

va muy rezagado en el camino que conduce a la verdad, y es incapaz de ir más allá. Va bien encaminado, pero ¿qué hay de extraordinario en que alguien que apenas ha salido de casa y dando unos pasos no hierre en el camino? El loco por su parte, lleva ventaja, pero se ha apartado del camino correcto y divaga sin rumbo fijo. Al idiota no se lo reconoce de buenas a primeras, pues se parece al sabio en que tiene poco que decir y no se le ven las intenciones. A menudo adopta la máscara del sabio, como el asno la piel del león: a ninguno de los dos le sienta bien el traje, pero sólo el muy sagaz es capaz de desenmascararlos. Al loco en cambio, se lo distingue de lejos. Presenta un rasgo propio que lo distingue de los demás: no es como el resto de la gente. El loco dice lo que piensa y eso es lo que le delata al instante. Tendríamos en el mundo millones de locos si fueran suficientemente francos como para decir sin rodeos todo lo que piensan. El idiota es corto de miras y no ve más allá de donde pisa; el loco, en cambio, tiene buen ojo pero mira por una lente equivocada. El idiota es incurable porque nació así: alguien débil cuyas fuerzas no pueden incrementarse. Al loco se lo puede mejorar porque podría ir a peor. Durmiendo somos todos locos, porque carecemos de sentidos que nos indiquen el camino. El idiota no lo es mientras duerme; no piensa en nada. Su desgracia consiste en tener demasiado poca imaginación; la del loco, en tener demasiada. Todas las personas presentan en algún momento algún rasgo de locura, pero los idiotas son solamente una minoría, aun-que lo sean todo el tiempo. A los locos se los encierra o se los ata, mientras que los idiotas andan sueltos. Suelen estar de pie en cátedras y púlpitos, y sentarse en tronos. A menudo para recibir un cargo, basta con ser idiota, pues aquel que lo concede es indulgente con quienes son su fiel retrato. En lo único en que se parecen idiotas y locos es que ninguno de los dos cree ser lo que es.

Un sabio y un genio no son una misma cosa. El sabio es lo contrario del loco y el idiota lo contario del genio. En nuestros días se ha considerado rasgo distintivo del genio ser extravagante y estar loco. Por eso muchos se esfuerzan en mostrarse como genios, y en serlo además en mucho mayor grado de lo poco que lo era anteriormente. No se es loco todo el tiempo; pero tampoco se es sabio a tiempo completo.

*

BERTOLT BRECHT (1898-1956)

"Me está costando una fatiga enorme preparar mi próximo error"

Eugen Berthold Friedrich Brecht nació el 10 de febrero de 1898 en el seno de una familia burguesa de Augsburgo, ciudad de Baviera. Su padre, católico, era un acomodado gerente de una pequeña fábrica de papel, y su madre, protestante, era hija de un funcionario. El joven Brecht era un rebelde que jugaba al ajedrez y tocaba el laúd, sintiéndose atraído por lo distinto, lo extravagante, y empeñándose en vivir al margen de las normas de su tiempo, de su recato y su sentido de disciplina. En la escuela destacó por su precocidad intelectual.

En la segunda mitad de la década de los años 1920 Brecht se había transformado en un comunista convencido, que también buscaba objetivos políticos con sus escritos. El concepto de marxismo que defendió Brecht estuvo influenciado por marxistas no dogmáticos. Nunca ingresó al Partido Comunista de Alemania. La creación de su concepción del teatro épico, transcurrió de manera paralela al desarrollo de su pensamiento político.

A sus 29 años publicó su primera colección de poemas *Devocionario doméstico* y un año más tarde alcanzó el mayor éxito teatral de la República de Weimar con *"La ópera de los tres centavos"*, con música de Kurt Weill, una obra disparatada, en la que critica el orden burgués representándolo como una sociedad de delincuentes, prostitutas, vividores y mendigos. Esta obra fue llevada al cine en 1931 bajo la dirección de Georg Wilhelm Pabst.

Brecht siempre buscó con su teatro, concienciar al espectador y hacerlo pensar, procurando distanciarlo del elemento anecdótico; para ello se fijó en los incipientes medios de comunicación de masas que la recién nacida Sociología empezaba a utilizar con fines políticos: la radio, el teatro e incluso el cine, a través de los cuales podía llegar al público que pretendía educar. Su meta fue alcanzar un cambio social que lograse la liberación de los medios de producción. Ese propósito lo abordó tanto a través del ámbito intelectual como del estético.

Hasta 1933, Brecht trabajó en Berlín como autor y director de teatro. Pero en aquel año, Hitler se hace con el poder en las elecciones. A comienzos de 1933, la representación de la obra *La toma de medidas* fue interrumpida por la policía y los organizadores fueron acusados de alta traición. Brecht con su familia y amigos abandonan Berlín y huyen a través de Praga y Viena hacia Dinamarca, donde el autor pasó cinco años. En mayo de 1933 sus libros fueron quemados por los nacionalsocialistas. El exilio de Brecht fue posiblemente el tiempo más duro de su vida, a pesar de lo cual en este periodo escribe algunas de sus mayores obras y alcanza su plena madurez con sus cuatro grandes dramas escritos entre 1937 y 1944. Encontrándose en una situación económica difícil, tuvo que viajar primero a Dinamarca, luego a Suecia, donde vivió durante un año en una granja cerca de Estocolmo y finalmente a Helsinki.

En su obra *"El alma buena de Szechwan"* (1938-40), examina el dilema de cómo ser virtuoso y sobrevivir al mismo tiempo en un mundo capitalista. En el verano de 1941, se trasladó en barco a California, asentándose en Santa Mónica, cerca de Hollywood. Allí intentó escribir para la industria de Hollywood, pero sus guiones no fueron admitidos por las grandes productoras cinematográficas. Organizó algunas representaciones teatrales, en la mayoría de los casos en escenarios de emigrantes, pero Brecht vuelve a ser perseguido por sus ideas políticas y en 1947 es interrogado por el Comité de Actividades Antiamericanas, por lo que tuvo que escapar al día siguiente otra vez a Suiza, sin esperar el estreno de su drama *La vida de Galileo* en Nueva York. Brecht tenía prohibida la entrada a Alemania Occidental (RFA), por mandato de las autoridades de ocupación de la postguerra. Tres años después obtuvo la nacionalidad austriaca. Tras 15 años de exilio, volvió a Alemania en 1948, instalándose en Berlín oriental. Allí, trabajó de una manera muy comprometida para el teatro. Son años de escenificaciones y publicaciones espectaculares en los que llegaría a hacerse famoso y en los que tuvo algunas actuaciones por invitación en capitales europeas, lo que causó tensiones con el Partido, así como con representantes de la burocracia cultural y de la vida del teatro. A pesar de ello, en 1955, Brecht recibió el Premio Stalin de la Paz, pero al año siguiente, contrajo una inflamación de pulmón y murió de trombosis coronaria en Berlín Este. Esa fue la información oficial que emitió el gobierno de la República Democrática Alemana. En el quincuagésimo aniversario de su muerte, el diario *Tagesspiegel* publicó las grabaciones completas de un discurso dado el 1 de septiembre de 1956 por Erik Mielke, con motivo de su nombramiento como Director de la Stasi (policía secreta de la RDA). En él, Mielke admitía que Brecht *"quería hacer una denuncia contra un dirigente de la Seguridad del Estado"*, y tras una intencionada pausa, agregó: *"después Brecht murió de un infarto"*. Así, abonó la hipótesis de que Brecht recibió un tratamiento mortal deliberado, a la afección coronaria que arrastraba desde hacía años.

Su estilo y lenguaje continúan ejerciendo influencia hasta hoy, en el teatro moderno. Todas sus obras están absolutamente ligada a razones políticas e históricas y tienen un sobresaliente desarrollo estético. En realidad, en Brecht se encuentran siempre unidos el fondo y la forma, la estética y los ideales. Desde sus comienzos se caracterizó por una radical oposición a la forma de vida y a la visión del mundo de la burguesía y, naturalmente al teatro burgués, sosteniendo que sólo estaba destinado a entretener al espectador sin ejercer sobre él la menor influencia. Brecht, desarrolló una nueva forma de teatro que se prestaba a representar la realidad de los tiempos modernos, y se encargó de llevar a escena todas las fuerzas que condicionan la vida humana. Además de conmover los sentimientos, obligaba al público a pensar; en sus obras teatrales nada se daba por sentado y obligaba al espectador a sacar sus propias conclusiones. Hasta el fin de su vida sostuvo la tesis de que el teatro podía contribuir a modificar el mundo. Brecht figura entre los autores más importantes del siglo XX y es el prototipo de intelectual revolucionario que ha tratado de descifrar la realidad a través del arte.

"No aceptes lo habitual como cosa natural, porque en tiempo de desorden, de confusión organizada, de humanidad deshumanizada, nada debe parecer imposible de cambiar".

Sobre si ¿existe Dios?

"Comprueba tu propio comportamiento si varía según la respuesta que das a esta pregunta. Si no varía… ahórrate la pregunta. Si tu conducta variase, tú mismo has respondido: efectivamente necesitas ese Dios".

La sabiduría del sabio reside en su actitud

"Te veo andar torpemente y por más que te observo, no te veo llegar a ninguna parte. Te expresas con oscuridad y por más que hablas, tus palabras no arrojan luz. Cuando veo tu actitud, deja de interesarme tu objetivo".

De la administración de justicia

"Es ejemplar una disposición legal de la antigua China según la cual, para los procesados importantes, se reclamaba la presencia de jueces procedentes de las provincias más apartadas. Resultaba mucho más difícil sobornarlos y además los jueces locales sentían envidia hacia ellos y los mantenían vigilados. Por otra parte, los jueces forasteros no conocían por propia experiencia los usos y costumbres de la región. La injusticia cobra a veces carácter de ley a fuerza de repetirse. A los recién

llegados había que informarles de todo y así, eran capaces de advertir fácilmente cualquier irregularidad. Tampoco se veían obligados a sacrificar, en aras de la objetividad, muchas otras virtudes como la gratitud, el amor filial, la credulidad frente a los amigos y conocidos, ni necesitaban tampoco tener el valor suficiente para crearse enemigos entre el vecindario".

*

DIÓGENES EL CÍNICO

Diógenes de Sinope (400-323 antes de Cristo) fue un personaje extravagante y provocador con una vida llena de escandalosos detalles y mordaces críticas a sus conciudadanos. Era un filósofo de los llamados cínicos, que acumula un buen paquete de anécdotas y experiencias; un filósofo práctico. Diógenes era un tipo popular y chistoso, lo que hoy podemos considerar como un "pasota" con gracia. Como figura literaria es difícil de clasificar, pero podemos afirmar que era un mordaz crítico de todo, que ataca todas las convenciones con burla y sin ningún tipo de reparo. Él era el actor de su propia farsa tragicómica. Platón lo definió como *"un Sócrates enloquecido"*. Hay quien considera que no se trata propiamente de un pensador sino de alguien original, con doctrinas escandalosas y de enorme personalidad. Debió de ser un autor ingenioso, aunque escribió poco y en libros de corta duración.

La biografía de Diógenes el cínico la debemos a Diogenes Laercio que la escribió unos quinientos años después de su muerte. Por esta razón el conjunto de anécdotas y reflexiones del cínico han llegado hasta la fecha.

"Solía entrar en el teatro topándose con los que salían. Cuando le preguntaron que por qué lo hacía contestó: es lo mismo que trato de hacer a lo largo de toda mi vida"

Con este gesto Diógenes expresa su desinterés por el drama representado, que él no ha ido a ver y en contraste, su afán por dejarse ver a la salida, entorpeciendo el paso de los asistentes. Va contracorriente, a contrapelo de lo normativo y se abre paso a codazos y empujones. *"Hay mucha gente, pero pocas personas"*.

Diógenes vivía con lo mínimo indispensable, durmiendo en el interior de una tinaja, como un perro. Mendigaba sin ningún reparo, puesto que argumentaba que todo era de todos, aunque los más rapaces se habían adueñado de más bienes. Por eso cuando pedía alguna moneda a sus amigos, decía que no pedía, sino que "lo reclamaba". Aseguraba que *"La pasión por el dinero es la metrópoli de todos los males"*. Se paseaba de día con una lámpara encendida gritando: *"busco a un hombre"*. Calificaba a los demagogos de siervos de la masa, y las coronas, de eflorescencias de la fama. Cierto día, Platón explicaba su definición de Hombre, diciendo que *"el hombre no era otra cosa que un animal bípedo implume"* y obtuvo aplausos. Entonces él, desplumó un gallo y lo introdujo en la escuela diciendo: *"aquí está el hombre de Platón"*. Desde entonces a esa definición se añadió *"y de uñas planas"*. A uno que le preguntó a qué hora se debe comer, respondió: *"si eres rico, cuando quieras; si eres pobre, cuando puedas"*. Decía que los criados son esclavos de sus amos, y que los débiles lo son de sus pasiones. *"La educación es sensatez para los jóvenes, consuelo para los viejos, riqueza para los pobres y adorno para los ricos"*. Voceaba que los dioses habían concedido a los hombres una existencia fácil, pero que ellos mismos se la habían complicado al requerir pasteles de miel, ungüentos perfumados y detalles por el estilo. Un día, mientras se masturbaba en medio del ágora, comentó: *"Ojalá fuera posible frotarse también el vientre para no tener hambre"*.

Acudió una vez Alejandro y le dijo: *"Yo soy Alejandro, el gran rey"* y él contestó, *"Y yo Diógenes el perro"*. Al preguntarle por qué se llamaba perro, aclaró: *"Porque muevo el rabo ante los que me dan algo, ladro a los que no me dan y muerdo a los malvados"*.

Se cree que murió con casi noventa años y sobre su muerte hay dos versiones. Unos afirman que murió después de haber comido un pulpo vivo y otros, asfixiándose conteniendo la respiración.

No, ya no está el de antes, el de Sinope, aquel paseante de bastón, de vestimenta quebrada, vividor a cielo raso. Porque ya partió, hincando los dientes en el labio y reteniendo el aliento de un mordisco. En verdad fue Diógenes de la estirpe de Zeus, un celeste perro.

Diógenes el cínico con su lema *"trasmutar los valores"* intentó darnos un consejo, pero ya entonces, igual que actualmente, ¿para qué sirve subvertir los valores después de tantos intentos fallidos? Vivimos en una sociedad que cuenta con incontables medios para marginar al provocador y acallar cualquier protesta incómoda. Pero esta pequeña guerra con los demás, no rectifica al inconformista. El perro, era un gran contestatario, coherente a pesar de sus extravagancias, que nos quiso mostrar el camino más ligero del vivir.

ALGUIEN DIJO:

"La historia no tiene meta; existe. El camino es más importante que la meta por cuanto puede convertirse en meta a cada momento".

"No podemos saber ni de dónde venimos ni adónde vamos. Lo que hubo antes no sirve para otra cosa que para llenar manicomios y toda tentativa de averiguar el sentido último conduce al absurdo y le arrebata el misterio al mundo".

(Ernst Jünger)

Cada uno de los siglos tiene su forma propia de ataque:
el XVIII, la subordinación,
el XIX, la proletarización,
el XX, la numerificación,
el XXI, lo virtual.

Girona, 30 de octubre 2015

El antipodista
la sátira de un mundo al revés

*Quien tiene un por qué para vivir,
encontrará casi siempre un cómo.* (Nietzsche)

*Nadar contra corriente es más gratificante,
pero siempre con el agua limpia.*

*El mecanismo válido para vivir consiste en elegir la actitud
personal ante el cúmulo de circunstancias que te rodean.*

65 GIROS ALREDEDOR DEL SOL

Después de sesenta y cinco giros constantes alrededor de nuestra estrella madre y tras haber reflexionado pacientemente sobre ciertos aspectos de esta mareante experiencia, creo que ha llegado el momento de puntualizar ciertos matices y en definitiva, hablar más claro todavía.

La vida no es otra cosa que una frenética carrera por la existencia, intentando que sea lo más gratificante posible viviendo en colectividad. Pero hay demasiados que se lo plantean mal y la carrera de la convivencia consiste en llegar primero. No hace falta ser ni el mejor, ni el más preparado, educado, culto, honrado, trabajador y sincero. La finalidad es llegar el primero aunque sea a base de codazos y zancadillas al adversario y practicando todo tipo de engaños, mentiras, argucias, falsedades, estafas, robos, triquiñuelas, obscenidades y perversiones. La regla consiste en saltarse todas las reglas sin que se note y si se nota, blindarnos con una gruesa coraza de hipocresía y cinismo. Siempre se puede justificar lo injustificable. Para llegar a la meta hay que estar en posesión de tres cualidades: ser tramposo, embustero e inmoral. La habilidad de sortear las reglas, normas y leyes, la capacidad de mentir y la total ausencia de ética, es el trípode donde se sustenta el éxito.

Con este panorama social, nadie es nada sin una o muchas tarjetas de crédito (conformadas) en la mano. Somos lo que somos capaces de endeudarnos y solamente valemos aquello que los banqueros dicen. Nuestra solvencia pasa por una hipotética estabilidad laboral. No se valoran antecedentes buenos o buenos informes que describen experiencias pasadas; solamente cuentan a valorar los antecedentes malos y experiencias negativas. Si un ciudadano se queja ante la administración, es un incómodo impertinente que sólo busca liarla. Si entra tranquilamente en un comercio con la intención de mirar o comprar, es grabado y escrutado bajo la atenta mirada del segurata, como un posible delincuente. Hacienda revisa con lupa nuestros números declarados pero no indaga jamás los números de alguien que no declara. Casi nunca se busca dinero mal ganado y ningún gobierno se opone de verdad a los paraísos fiscales. En un mundo globalizado, leyes particulares, impuestos diferentes en legislaciones similares, normas particulares y excepciones absurdas favorecen una telaraña legislativa que únicamente los especialistas en el fraude y los empresarios escurridizos saben traspasar.

Reconozcámoslo: la mayor mayoría silenciosa que existe es la que no vota nunca. En España aproximadamente un 40% y esto es precisamente la mayoría. Prácticamente ningún partido obtiene esta cifra de votos absolutos, pero esta mayoría silenciosa son etiquetados como impresentables. En todos los países, todos los gobiernos no gobiernan para las mayorías silenciosas, pero son nombradas como representativas de una oposición activa a lo que les interesa que sean. Las mayorías parlamentarias pisotean normas, criterios, derechos, rectifican leyes y vulneran convenios. Jamás ningún gobernante reconoce sus fallos ni sus corruptelas y sí, ratifica y aumenta sus privilegios. En principio, los ciudadanos somos delincuentes peligrosos, facinerosos de izquierdas y terroristas manipulados o adoctrinados en la perversión. Solamente el nacionalismo del que manda es un nacionalismo bueno, mientras que el nacionalismo de los demás, son elucubraciones morbosas producto de malformaciones educativas.

La crisis económica ha sido la gran estafa del sistema financiero y de los gobiernos que no han querido detectar o no han sabido detener el fenómeno, pero evidentemente es el producto de una profunda crisis moral: la élite económica y política y una parte de la ciudadanía, ha perdido el espíritu cívico y ético. Aquí y en las lejanas antípodas vivimos un profundo deterioro de la política, de la cultura, del poder y de la ética para defender estos aspectos. La "prosperidad" perdida ha dado paso a una "decadencia" generalizada. El imperio de la prosperidad ha terminado.

Aceptémoslo: vivimos en la decadencia.

Al finalizar la mirada circundante me invade una especie de vacío existencial que es la neurosis masiva de nuestro tiempo. Es difícil encontrar pequeñas soluciones para grandes problemas, pero como escribió Nietzsche: *Quien tiene un por qué para vivir, encontrará casi siempre un cómo.*

LAS AVENTURAS FINANCIERAS DEL MUÑECO PINOCHO

Un gato ciego era alcalde de un pueblo, como tantos hay. Una zorra coja era la directora de la sucursal bancaria. Estaban los dos justo al lado del Ayuntamiento, ociosos y fumando al sol, cuando pasó un muñeco pobre diablo.
- ¡Buenas días, Pinocho! - le dijo la zorra, saludándole gentilmente.
- ¿Cómo sabes mi nombre?
- Porque conozco a todo el mundo, - añadió la zorra - el mío es el único banco del pueblo y todos los infelices pasan por allí.
- No es por daros envidia; mira esto, tú que entiendes de dinero, -dijo Pinocho-. Estas son cinco magníficas monedas de oro.
Y enseñó las monedas.
Al oír el simpático ruido del oro, la zorra coja, sin darse cuenta, alargó la pata que parecía coja, y el gato ciego abrió tanto los ojos, que parecían dos faroles verdes; pero volvió a cerrarlos tan rápidamente, que Pinocho no llegó, a notarlo.
- ¿Y qué piensas hacer con ese dinero?- preguntó la zorra.
- Ante todo- contestó Pinocho- quiero comprarme una chaqueta nueva, toda bordada en oro y plata, con botones brillantes, y después me compraré una Tablet y un teléfono guay. El más guay.
- ¿Para ti?
- ¡Claro! Para ir a la universidad y estudiar.

- ¡Dios te libre!- dijo la zorra-. Mírame a mí. Por mi loca afición al estudio he perdido una pata.
- ¡Dios te libre!- dijo el gato- . Mírate en mí. Por mi loca afición al estudio he perdido la vista de los dos ojos.

En aquel instante un mirlo blanco que estaba encaramado en un seto de la plaza, dejó oír su acostumbrado silbido y dijo:

- ¡Pinocho, no hagas caso de los consejos de las malas compañías, porque tendrás que arrepentirte!

¡Pobre mirlo; nunca lo hubiera dicho! El gato, dando un gran salto, le cayó encima y sin dejarle tiempo, se lo tragó de un bocado, con plumas y todo.

Después de comerlo y de haberse limpiado el hocico, cerró los ojos y volvió a hacerse el ciego nuevamente.

- ¡Pobre mirlo!- dijo Pinocho al gato- . ¿Por qué has hecho eso?
- Para darle una lección. Así aprenderá para otra vez a no meterse donde no le llaman.
- ¿Quieres aumentar tus monedas de oro? –preguntó la zorra.
- ¿Cómo?
- ¿Quieres hacer con sólo esas cinco monedas, ciento, mil, dos mil? –añadió el gato.
- ¡Ya lo creo! ¿Cómo?
- De un modo muy sencillo. En vez de ir a tu casa, vente con nosotros.
- ¿Y a dónde vamos?
- Al país de los búhos.

Pinocho meditó un instante, pero al fin dijo resueltamente:

- No, no quiero.

- ¡Ah! ¿Te empeñas en volver a tu casa? Bueno; pues vete; peor para ti.
- ¡Peor para ti! - repitió el gato
- Piénsalo bien Pinocho, porque pierdes la ocasión de hacer fortuna.
- ¡De hacer fortuna!- gritó el gato.
- De hoy a mañana, tus cinco monedas se hubieran convertido en dos mil.
- ¡Dos mil! - repitió el gato.
- Pero, ¿cómo es posible que se conviertan en tantas? - preguntó Pinocho.
- Pues verás- dijo la zorra-. Sabrás que en el país de los búhos hay un campo extraordinario, al cual llaman todos, el Campo de los Milagros Preferentes. Tú haces un agujero en aquel campo y metes por ejemplo, una moneda de oro. Tapas después el agujero con tierra, lo riegas con un poco de agua, echas encima un poquito de sal... y ya puedes irte tranquilamente a dormir en tu cama. Durante la noche la moneda echa raíces y ramas y cuando vuelvas al campo, a la mañana siguiente, ¿sabes lo que encuentras?... Pues un hermoso árbol tan cargado de oro como las espigas lo están de granos de trigo en el mes de Junio.
- Así, pues -dijo Pinocho, que estaba cada vez más asombrado-, si yo enterrase en ese campo mis cinco monedas de oro, ¿cuántas encontraría a la mañana siguiente?
- Es una cuenta sencillísima -contesto la zorra-; una cuenta que puede hacerse con los dedos. Pongamos que cada moneda se convierte en un racimo de quinientas; multiplica quinientas por cinco y verás que mañana puedes tener en el

bolsillo dos mil quinientas monedas de oro contantes y sonantes.
- ¡Qué hermosura! -gritó Pinocho saltando de alegría-. Cuando recoja todas esas monedas me quedaré con dos mil para mí y os daré a vosotros quinientas de regalo.
- ¿Un regalo a nosotros? -dijo la zorra con acento desdeñoso y ofendido- . No gracias…
- ¡Dios te guarde de hacerlo! -repitió el gato.
- Nosotros no trabajamos por el vil interés —continuó hipócritamente la zorra- ¡tú eres la estrella!, trabajamos sólo para enriquecer a los demás.
- ¡A los demás! -gritó el gato.
- ¡Qué excelentes personas! -pensó Pinocho; y olvidándose en el acto de su chaqueta nueva y la Tablet y de todos sus buenos propósitos, dijo a la zorra y al gato:
- Iremos mañana.
- Otro día será tarde -contestó la zorra.
- ¿Por qué?
- El Campo de los Milagros Preferentes es algo especial…
- Es "Preferente" —añadió el gato.
- Porque ese campo ha sido comprado por un gran señor, que desde mañana no permitirá que nadie siembre dinero, - matizó la zorra.
- ¿Cuánto hay desde aquí hasta el Campo de los Milagros Preferentes?
- Menos de un kilómetro. ¿Quieres venir? Tardaremos muy poco en llegar; siembras en seguida las cinco monedas y a los pocos minutos recoges dos mil, y te vuelves con los bolsillos bien repletos. ¿Qué? ¿Vienes?

Pinocho vaciló antes de contestar; acabo por rascarse la cabeza y decir a la zorra y al gato:
- ¡Bueno; me voy con vosotros!
Y marcharon los tres juntos.

Después de haber andado durante un rato, llegaron a una ciudad cercana que se llamaba "Engañabobos". Apenas entraron, vio Pinocho que en todas las calles abundaban perros flacos y hambrientos que se estiraban abriendo la boca, ovejas sucias y peladas que temblaban de frío, gallos y gallinas sin cresta y medio desplumados, que pedían de limosna un grano de maíz; grandes mariposas que ya no podían volar por haber vendido sus preciosas alas de brillantes colores, pavo reales avergonzados por el lastimoso estado de su cola y faisanes que lloraban la pérdida de su brillante plumaje de oro y plata.

Entre aquella multitud de mendigos pasaba de vez en cuando alguna soberbia carroza llevando en su interior ya una zorra, ya una urraca ladrona o algún pajarraco de rapiña.
- ¿Y dónde está el Campo de los Milagros Preferentes?- preguntó Pinocho.
- A dos pasos de aquí.

Atravesaron la ciudad y se metieron por un campo solitario, pero que se parecía como un huevo a otro a todos los demás campos del mundo.
- Ya hemos llegado -dijo la zorra a Pinocho- ahora haz con las manos un hoyo en la tierra y mete las cinco monedas de oro.

Pinocho obedeció: hizo el hoyo, colocó dentro las monedas y las cubrió con tierra.

- Ahora, -dijo la zorra- vete a ese arroyo cercano y trae un poco de agua para regar la tierra en que has sembrado.

Pinocho fue al arroyo; pero como no tenía a mano ningún cubo se quitó uno de los zapatos y lo llenó de agua, con la cual regó la tierra del hoyo. Después preguntó:

- ¿Hay que hacer algo más?

- Nada más -respondió la zorra banquera- ; ahora ya podemos irnos. Tú te vas a la ciudad, y cuando hayas estado allí unos veinte minutos, vienes otra vez, y encontrarás que ya ha nacido el arbolito, con todas las ramas cargadas de monedas de oro.

Lleno de gozo, el pobre diablo dio efusivamente las gracias a la zorra y al gato, ofreciéndoles la promesa de un magnífico regalo.

- No queremos ningún regalo- respondieron aquel par de bribones- solamente con haberte enseñado el modo de hacerte rico sin trabajo alguno, estamos contentos.

Dicho esto, saludaron a Pinocho y deseándole una buena cosecha, se marcharon.

Cuando Pinocho volvió a la ciudad, empezó a contar los minutos uno a uno y cuando creyó que había pasado el tiempo necesario, se puso de nuevo en marcha hacia el Campo de los Milagros Preferentes.

Andaba con paso rápido y sentía que su corazón palpitaba con más fuerza que de costumbre, haciendo "tic-tac, tic-tac", como un reloj en marcha. Mientras tanto, pensaba en su interior:

- ¡Qué chasco, si me encontrara con que las ramas del árbol tienen dos mil monedas en vez de mil! ¿Y si en vez de dos mil fueran cinco mil? ¿Y si en vez de cinco mil fueran cien mil... un millón? ¡Entonces sí que sería un gran señor! ¡Tendría un magnífico palacio y caballos, automóviles, criados y una despensa llena de buena comida, vinos de marca, bombones, pasteles y caramelos!

Así fantaseando vio de lejos el campo y lo primero que hizo fue mirar si había algún arbolito que tuviera las ramas cargadas de monedas; pero no vio ninguno. Anduvo unos cien pasos más, y nada; entró en el campo, y llegó hasta el mismo sitio donde había hecho el hoyo para enterrar sus monedas de oro; pero, nada, nada y siempre nada. Entonces se quedó pensativo e inquieto y olvidando las reglas de urbanidad y de buena crianza, sacó una mano del bolsillo y se rascó largo rato la cabeza.

En aquel instante llegó a sus oídos una gran carcajada. Miró hacia lo alto y vio en las ramas de un árbol, un viejo papagayo que estaba arreglándose con el pico las escasas plumas que le quedaban.

- ¿Por qué te ríes?- le preguntó Pinocho muy nervioso.
- Me río, porque al peinarme las plumas me he hecho cosquillas debajo del ala.
- ¡No! -respondió Pinocho-.
Se fue al arroyo, y llenando de agua el mismo zapato de antes regó la tierra que había echado encima de las monedas. Otra carcajada mayor y más impertinente que la anterior se oyó en la soledad de aquel campo.
- ¡Pero, vamos a ver, papagayo grosero! -gritó Pinocho- ¿se puede saber de qué te ríes?

- ¡Me río de los tontos que creen todas las patrañas que se les cuenta y que se dejan engañar estúpidamente por el primero que llega!

- ¿Lo dices por mí?

- Sí, lo digo por ti, pobre Pinocho, por ti, que eres tan simple, que has podido creer que el dinero se siembra en el campo y se recoge después, como se hace con las judías y con las patatas. Yo también lo creí una vez, me creí un individuo preferente y por eso estoy hasta sin plumas. Ahora ya sé, aunque tarde, que para tener honradamente unos euros hay que saber ganarlos con el propio trabajo, sea en un oficio manual o con el esfuerzo de la inteligencia.

- No te comprendo -dijo Pinocho, que empezaba a temblar de miedo.

- Me explicaré mejor -continuó el papagayo-. Mientras tú estabas en la ciudad, volvieron a este campo la zorra y el gato, desenterraron las monedas y escaparon después como si los llevase el viento.

Pinocho se quedó viendo visiones; pero no queriendo creer lo que le había dicho el papagayo, comenzó a cavar con las manos la tierra que había regado, y cava que cava, abrió un boquete tan grande como una cueva. Pero las monedas no aparecían.

Lleno de desesperación, volvió corriendo a su pueblo y fue a presentarse ante el juez para denunciar a los dos ladrones que le habían robado sus monedas. El juez era un mono de la familia de los gorilas: un mono viejo, muy respetable por su aspecto grave, por su barba blanca y sobre todo por unos anteojos de oro sin cristales, que usaba desde hacía años, porque padecía una enfermedad de la vista.

Cuando Pinocho estuvo en presencia del juez, contó el engaño de que había sido víctima, dijo los nombres y apellidos y cargos que ocupaban de los ladrones y terminó por pedir justicia.

El juez le escuchó con mucha bondad, poniendo gran atención en lo que el hombre refería. Notó claramente que se enternecía con aquel relato y que sentía verdadera compasión. Cuando Pinocho hubo terminado, el juez alargó la mano y tocó una campanilla. A esta llamada aparecieron dos perros mastines, vestidos de guardias.

Señalando a Pinocho, el juez les dijo:

- A este pobre diablo le han robado cinco monedas de oro; prendedle y a la cárcel con él.

Quedose Pinocho estupefacto al oír esta sentencia. Quiso protestar; pero no pudo, porque los guardias, para no perder el tiempo inútilmente, le taparon la boca y le llevaron a la cárcel. Allí permaneció cuatro meses, cuatro interminables meses y aún hubiera estado mucho más tiempo, si no hubiese sido por un acontecimiento afortunado. Pues sucedió que el joven emperador que reinaba en la gran ciudad de Engañabobos, para solemnizar una gran victoria que había conseguido sobre sus enemigos, ordenó que se celebrasen grandes festejos públicos: iluminaciones, fuegos artificiales, carreras de caballos y de bicicletas; y para demostrar su clemencia, dispuso que se abrieran las cárceles y que se pusiera en libertad todos los bribones.

Entonces dijo Pinocho al carcelero:

- Si salen de la cárcel los demás presos, yo también quiero salir.
- Tú no puedes salir, porque no figuras en el número de los preferentes.
- Ni preferentes ni leches, yo no soy un bribón, -gritó Pinocho- los financieros y los gobernantes...
- ¡Ah, ya! En ese caso, tienes mucha razón -contestó irónico el carcelero, quitándose la gorra y haciéndole una profunda reverencia-. Eres un pobre diablo.

Fragmento adaptado de la novela:
"*Las aventuras de Pinocho*" de Carlo Collodi
publicada en 1882

Cuando el poder y las finanzas se alían, siempre hay algún muñeco que como consecuencia de alguna debilidad, se deja seducir.

*

ANTIPODISTAS

Un sinvergüenza es algo así como un caballero al revés, y por desgracia, el mundo está lleno de caballeros al revés. Nos ha tocado vivir en un contexto social y material que habitual-mente se tiene la sensación que el mundo gira al revés de lo que sería normal girar. Políticos que se sitúan al margen de la ley y aprovechándose de su cargo, se corrompen; jueces que se saltan la ley; obispos y eclesiásticos pederastas; fontaneros, cerrajeros, mecánicos, albañiles, pintores, carpinteros, joyeros, camareros, vendedores... que no conocen su oficio y sólo ejercen la actividad de la chapuza. Banqueros sin escrúpulos practican el engaño, la policía tiene precio, muchos industriales son tramposos, hay leyes contradictorias o que no se aplican, competencias triplicadas, funcionarios que siempre están en sospechosa baja laboral, médicos ineptos, profesores que saben menos del mínimo, conductores sin carnet... todo el mundo pretende escaquearse, hacerse invisible con Hacienda, evadir impuestos y saltarse cualquier norma. La rapiña es admirada, los derechos de autor, papel mojado; la ingeniería financiera es imitada, la fama es la gran quimera, la moda raya en la absurdidad, los debates televisivos son templos de vulgaridad e insulto, la clase política e incluso la monarquía no tiene suficientes privilegios y aún se toma unos cuantos más. Presidentes, ministros, altos cargos, tesoreros... ¿hay alguien honesto en Sodoma?

Un antipodista no es un habitante que vive en el otro lado del planeta y que por pura lógica, vive al revés y ve las cosas siempre de otra manera.

"Antipodistas" Eduard Alcoy

Un antipodista es alguien que desde su punto de observación, primero intentará sacar conclusiones de la realidad, analizará la situación y opinará si quedan todavía soluciones a aplicar.

En 1566 un vendedor de telas de Bristol, en Inglaterra, llamado Peter, afirmó que había vivido quinientos años y que en todo ese tiempo nunca había contado ni una sola mentira. Afirmaba que cuando él era joven, el mundo era justo, acogedor y soleado. El aire resplandecía, los chistes eran divertidos y graciosos, los políticos tenían detalles de honradez y opiniones brillantes, incluso acertadas. Por aquel entonces, las noticias eran verdaderas, los hombres no despotricaban, ni gritaban, ni apestaban. Peter se quejaba abiertamente que el mundo había cambiado mucho. Con los años, el Sistema se ha vuelto oscuro y deprimente y ahora sólo se trata de desesperar al personal que lo habita. Primero, marearlo y exprimirlo hasta conseguir que se enfade y estalle en indignación. Si miras a tu alrededor te vuelves neurótico, huidizo y agresivo por autodefensa. Te rodea una lúgubre degeneración general. Ciertamente hay raquíticas compensaciones y alegrías solamente para los amigos de los poderosos pero la cruda realidad nos enseña, que los corruptos son admirados, los inútiles progresan, los banqueros se adjudican un sistema de pensiones abusivo y hay paraísos fiscales para todas las opciones y climas posibles. Peter, el agorero vendedor de telas, fue lapidado en plaza pública, por mentiroso y sobre todo por pesimista. Sin embargo y a pesar de mis exageradas opiniones, es posible que en el futuro, cuando el hombre se haya extinguido o autodestruido, exista un mundo mejor.
¿Será eso en las antípodas? Si puedes permitírtelo el optimismo es hereditario y el pesimismo es contagioso, para todos.

PEQUEÑO RECORRIDO POR UN MUNDO AL REVÉS

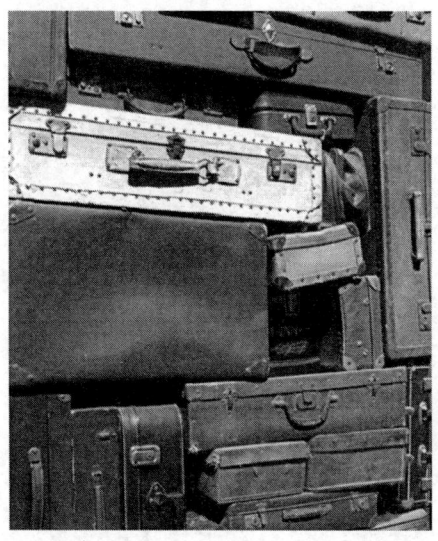

Para este viaje, las maletas deben de ser resistentes, muchas y enormes, puesto que deben contener una infinidad de incoherencias, idioteces, contradicciones, falsas esperanzas, inmoralidades, subterfugios, trucos, patrañas, estafas, violencias, injusticias y corruptelas malolientes de mil matices.

Será necesario ir permanentemente con la mirada muy atenta hacia el suelo que pisamos (las cabezas de nuestros antipodistas) y el techo que nos envuelve (para no caer y convertirnos en un antipodista caído). En nuestro recorrido solamente cuenta el cielo y la tierra. Los contrastes más universales.

Miramos al techo y vemos el suelo. Nuestros flotadores levitan en un primer sinsentido general.

¿Se trata de trepar?

La selección natural y el tonto del pueblo.

Cuando los monos se atrevieron a bajar de los árboles, millones de insectos ya estaban allí, estúpidos e impertinentes como siempre, desde hacía millones de años. Cuando los egipcios construían monumentos piramidales para pasar el rato, los insectos continuaban mortificando a los egipcios. Siglos después, cuando los científicos construían complejos artilugios militares para que las naciones pudieran destruirse mutuamente, los insectos picaban como siempre, a los técnicos y gobernantes y los insectos también les mortifican. ...Y a los reyes y a la totalidad de la Curia Romana y a todos.

¿Si el más apto para sobrevivir fuera el más inteligente, qué sucedería? El más inteligente conseguiría eliminar a los menos inteligentes en poco tiempo. Pero una vez solo, ¿a quién eliminaría? Quizás la inteligencia sea una forma sutil de autodestrucción.

Según la selección natural, el más apto para la supervivencia es el más hábil, el más rápido, el más egoísta y el más violento. Los lentos, indecisos, débiles, viejos, con perjuicios morales y convicciones metafísicas, caerán en las fauces del depredador. Generación tras generación, los astutos depre-dadores favorecen a que las presas sean cada vez más difíciles de acorralar y destruir y el método debe de ser cada día más sofisticado, imperceptible y cruel.

Hay muchísimos estúpidos entre los inteligentes. Hace pocas décadas, en cada pueblo había un "tonto", que sin saberlo, cumplía su importante función. ¿De qué servía el tonto del pueblo? Los demás habitantes hacían sus comparaciones y al sentirse superiores a aquel "penoso" individuo, revalorizaban su autoestima y evitaban muchas depresiones y malos ratos en las familias. Hoy en día, la inmensa mayoría de habitantes del pueblo son "tontos" y lo peor, es que no lo notan y lo ignoran. Los que sí lo saben, son los banqueros, el alcalde y el secretario del Ayuntamiento en un primer peldaño. Cualquiera que lleve una gorra de uniforme (como el desgraciado del policía municipal que disfruta poniendo denuncias por tener el ticket de aparcamiento caducado en seis minutos), la propietaria del supermercado que se las ingenia para estafar en el peso o en el IVA. En la gasolinera que admiten y toleran que la gasolina del martes, miércoles, jueves, viernes, sábado y domingo sea más cara que la gasolina del lunes, para realizar las estadísticas oficiales de precios al consumo. El fontanero, el remendón, la carnicera, el mecánico del taller de coches, el que arregla lavadoras, el que vende televisores sin arreglarlos, el que contrata teléfonos móviles, el que inventó las comisiones, incluso el aficionado al cobre y el vendedor de papelinas para vivir virtualmente, hace lo que pueden para lograr que la inmensa mayoría de los habitantes del pueblo sean los tontos históricamente considerados. Su parcela de "poder" y el beneplácito de otros poderes más gruesos, lo permiten y a su vez, cada uno de ellos se halla inmerso en una interrelación de todos contra todos como en un perverso y agresivo tablero de ajedrez social. Actualmente, desde hace más de dos mil años (para poner una fecha), el más espabilado de los tontos del pueblo, ha ascendido de forma imparable hasta alcanzar cierta mayoría absoluta gracias al voto favorable de los más tontos. Así se forma, la casta de los cínicos. Una tribu de depredadores que básicamente husmea entre la gente para encontrar sus puntos débiles, su sueldo (si lo tiene), sus ahorros o sus debilidades.

Hoy en día, al oficialmente tonto del pueblo lo proponen como parlamentario… y a la larga, sale elegido puesto que sus votantes son más estúpidos de lo que creen. Lo que más sorprende al llegar al poder, es descubrir que las cosas están peor de cómo habían estado diciendo que eran. Una vez en su poltrona, se sube el sueldo y empieza a poner en práctica su catálogo de despropósitos. Favorecer a este o aquel familiar, pariente, simpatizante, amante, y sobre todo favorecerse a sí mismo (para esto se han creado las comisiones). Cuando el esqueleto del chanchullo está vertebrado, se trata de simular encontrar remedio a la penosa situación crónica, remedios que acostumbran a ser peores que la enfermedad que ha originado el problema. Una cosa tiene clara la casta de los cínicos, también llamada clase política: la moral es la debilidad del cerebro. No seamos débiles.

Dicen que para "triunfar" hay que trepar para luego medrar.

"EL ARTE DE MEDRAR" Manual del trepador

"El arte de medrar" de Maurice Joly, fue publicado por primera vez de forma anónima en 1867 en Francia. En este libro, elabora un completo perfil de los hombres y mujeres avenidos al poder. A partir del supuesto de que la sociedad vive en un constante estado de guerra, únicamente regulado por las leyes, el autor desarrolla su sátira y llega a estremecedoras conclusiones. Analiza las ventajas de la estrechez de miras, el prejuicio, el padrinazgo y la hipocresía. Con especial cuidado se dedica a desmenuzar el papel de los partidos políticos y también anota certeros comentarios sobre el periodismo, la publicidad o la corrupción en las estructuras económicas. No sólo ofrece una descarnada radiografía de la burguesía sino que también analiza ácidamente los impulsos de aquellos que pretenden abolirla por medios revolucionarios.

La frescura que conserva este manual del siglo XIX conmociona y deprime. Pero no sorprende. Es evidente que pese al progreso y las revoluciones de todo tipo que median entre la época de Maurice Joly y la nuestra, los mecanismos de búsqueda del éxito sin tregua ni cuartel siguen siendo muy parecidos. La inteligencia de este autor, la feroz ironía de su obra y su vigente actualidad han sido razones de peso que han motivado la edición de este este manual del trepador, cuya lectura cautivará a quienes se adentren en sus páginas.

La sociedad es un estado de guerra regido por las leyes. El orden externo sólo es aparente. En realidad, lo que se agita en el fondo de la vida social es la guerra, una guerra cuyos móviles no difieren en nada de los que hacen empuñar las armas a las naciones; cada cual medra en la vida en nombre de sus intereses y sus pasiones, en nombre de su naturaleza, que constituye su derecho individual. La ley, en lo que establece o en lo que prohíbe, no hace sino determinar las condiciones del combate y las armas que están permitido usar. Es todo un mundo de maquinaciones, de intrigas y de astucias, todo un arte de proceder, de atacar y de defenderse, toda una estrategia social cuyo conocimiento profundo es el instrumento universal. Se combate de hombre a hombre, de clase a clase, y el poder, el crédito, la fortuna y la fama aparecen como los puntos culminantes alrededor de los cuales se agita sin cesar la eterna lucha de las ambiciones.

Lo que hay que reconocer en primer lugar es que la igualdad no da nada o casi nada de lo que promete. Una vez proclamada la igualdad de derechos, seguimos en presencia de la desigualdad de fuerzas. Las distinciones de la cuna son suprimidas, pero las que dependen de la superioridad de las facultades naturales subsisten y bastan para reconstituir privilegios, para elevar entre los hombres barreras prácticamente tan infranqueables como las que antaño separaban las distintas clases de la sociedad. Cada cual ocupa sólo el lugar que puede ocupar. Unos se elevan por su energía y sus talentos hasta las regiones superiores, en tanto que otros no pueden conquistar sino posiciones intermedias o son rechazados con violencia hasta los últimos peldaños de la sociedad donde, les guste o no, deben permanecer.

En el fondo, todas las relaciones entre los hombres se rigen por las aptitudes recíprocas para ejercer el dominio y para sufrirlo; se subordinan por sí mismos y necesariamente los unos a los otros, según el grado de fuerza moral que hay en ellos y que les asigna, hagan lo que hagan, un lugar determinado en el orden social.

En el juego de las fuerzas sociales todo lo que es débil es inevitablemente atropellado. Pisoteado por sus competidores, el hombre que cae ya no es nada; es un cadáver que debe desaparecer del campo de batalla. El ruido de la multitud ahoga sus gemidos y, en la confusión, no se oye más que un grito: ¡Triunfar!, ¡trepar!

¿No resumen estas palabras toda una civilización, y acaso la quintaesencia de la filosofía social contemporánea no es buscar la forma de medrar? Si el lector espera aprender algo aquí, hará bien en meditar las reflexiones siguientes:

1.- Cuando se conoce la vida sería necio enseñársela a los demás.

2.- Los que mejor han observado las cosas de la vida son generalmente los que menos triunfan.

3.- La iniciación a todos los secretos de la vida social no enseña cómo hay que utilizarlos.

Y una compleja estructura, articula desde hace muchos años, un complejo, cada vez más sofisticado espacio interior para mantener el sistema en equilibrio.

Del azar y del saber jugar

La vida es una partida en extremo difícil de jugar y en la que interviene mucho el azar. Este punto de vista es la idea favorita de este libro, de ella se derivan todos sus desarrollos. Jugar con talento, siguiendo todas las reglas y sin cometer fallos: éste es el arte de la vida. Pero aunque la ciencia del juego sea una, las partidas pueden ser muy variadas. Veamos las más importantes y hermosas.

Son el juego de la política, el del amor, el de la fortuna y el de la fama. Cada uno de estos juegos es más o menos difícil y requiere talentos de una índole particular.

El azar ocupa un lugar tan grande en la vida que, según como se mire, sólo existe el azar. Si intentamos buscar una definición del azar, no encontraremos ninguna mejor que la siguiente: son las acciones de los hombres en su relación con otros hombres. Los acontecimientos de la vida parecen dominados por lo que daremos en llamar una ley de encadenamiento, una ley de sucesión, de tal suerte que los accidentes afortunados o desafortunados parecen derivar todos de un primer éxito o de un primer error. Un acontecimiento favorable o desfavorable contiene una determinada serie de deducciones fatales o propicias que deben agotarse todas en un tiempo dado. Así mismo un negocio que ha salido bien, por una propiedad misteriosa de conexión, trae consigo otros igualmente afortunados. Es lo que comúnmente se llama un filón por una curiosa asimilación con las vetas preciosas que encuentran los mineros en sus pacientes exploraciones.

Merced a cuanto antecede tenemos ahora una excelente definición del éxito. Ganar es estar en la corriente de las oportunidades propicias; perder es haber perdido el sentido de su dirección. La suprema habilidad en política consiste en crear el azar y no sufrirlo. En los negocios, también hay gente que crea el azar; antiguamente los llamaban estafadores.

Las sociedades cada vez han necesitado estructuras más robustas. Estructuras sólidas con pilares ideológicos para aguantar las ideas.

Del conocimiento de los hombres y de los caracteres

El arte de medrar considera que el conocimiento de los hombres es el primer elemento de sus cálculos. Sólo se puede triunfar por los hombres y utilizándolos, de ahí la necesidad de conocerlos. Esta fórmula es seca, no es otra cosa que el corolario de la conocida máxima de un célebre pensador contemporáneo que ponía la filosofía en acción: «Los hombres son medios».

Los sentimientos innatos son disposiciones morales que se extienden por la masa de los hombres. La envidia y la desconfianza son asimismo sentimientos acerca de los cuales pueden hacerse preciosas observaciones. Estas pasiones son precisamente lo contrario de la admiración y del entusiasmo.

La vanidad es el sentimiento que hay que combinar con la envidia para hacerse una idea cabal del conjunto. En los libros, en los diarios, en la sociedad se deploran el genio no reconocido, las nobles ambiciones traicionadas, las bellas almas incomprendidas; es muy sencillo, cada uno piensa en sí mismo, y en los diversos personajes ve reflejada su persona; en cuanto se presente la ocasión, le cerrarán la puerta al mérito o le obstruirán el camino.

Existen, sobre la política, la religión, la moral y los gobernantes, formas de pensar corrientes, tradicionales, una serie de juicios, teorías y críticas que forman como un segundo elemento de las nociones generales sobre la naturaleza humana.

Se cree que el mérito es el medio más seguro para ascender.

Se cree que hace falta capacidad para ocupar cargos.

Se tiene la ilusión de que la opinión pública gobierna el mundo.

Se cree que la política consiste en la ciencia de los asuntos de Estado.

Se cree que los hombres públicos tienen fe en lo que dicen desde la tribuna o lo que escriben en sus libros.

Se cree en el progreso indefinido de la humanidad.

El pueblo cree que cuando hace una revolución se beneficiará de ella.

Se cree que para establecer un gobierno basta con hacer una constitución.

Se cree que al mundo lo gobiernan las ideas.

Se cree que los pueblos se corrigen.

Se cree que existen teorías filosóficas o sociales nuevas. Se cree que llegará el día en que las naciones ya no se harán la guerra.

Se cree que no se puede ser un ignorante y un necio cuando se escribe un libro.

Se cree que los que piden reformas las desean.

Se cree que los que sostienen hoy un gobierno porque es fuerte, no serán los primeros en derribarlo si por ventura se tambalea.

Y aún sin ser exigentes, ¿podríamos decir que son muchos los que no aceptan todo lo anterior entre quienes condenan los prejuicios? Preguntémonos qué sería del orden social si esas vulgaridades no estuvieran en circulación.

La ingenuidad de las sociedades a través de su corrupción es una hermosa materia para gobernar. Por mucho que veamos en los libros que los acontecimientos más grandes dependen de causas pequeñas, que la política no es más que un juego de pasiones y estructuras de intereses privados.

Del carácter

Aunque casi siempre es útil en el mundo disimular lo que se piensa, conviene mostrar el propio carácter. La inmensa costumbre que los hombres tienen unos de otros hace que cualquier hombre nuevo con el que entran en contacto sea inmediatamente objeto de su análisis. Es preciso que lo clasifiquen en una de las especies que conocen o, si presenta una efigie nueva para ellos, que puedan distinguirla con claridad; de lo contrario, se alejan, se muestran fríos o desconfían. Ahora bien, no todos los hombres que tienen el carácter acuñado por la fuerza o la originalidad son capaces de mostrarlo. La verdadera naturaleza es invisible en aquellos que no han cultivado su alma; no aparentan exteriormente lo que son en realidad.

De los principios

Entendemos por principios la cadena de las ideas buenas o malas de cada hombre en particular acerca del conjunto de las cosas de la vida social. Está suficientemente demostrado que no son las ideas justas las que ejercen más influencia en los hombres, sino sólo su carácter aparente o real de novedad, sus formas más o menos apasionadas y la forma brillante de relacionarlas. Sin un fondo considerable de ideas generales no se tiene nivel intelectual y no se puede aspirar a la menor preponderancia, influencia o capacidad de dirección. Por otra parte, ya indicaremos cuando sea el momento que se puede estar provisto de muchas ideas generales y no por ello dejar de ser una nulidad.

De los papeles y cargos

En cualquier medio, podemos estar seguros de encontrar al parásito, al pícaro, al cobarde, al delator, etc.; el resto formará por así decir el coro antiguo. Hay una cantidad indefinida de gentes que han nacido para ser espías, alcahuetes, traidores y bribones. Son papeles y cargos. Sabido es que estos cargos vulgares alcanzan cierta entidad y cierta dignidad a medida que uno se eleva en las esferas de la vida social, en la política, en los negocios, en el transcurso de las revoluciones. Basta abrir cualquier libro de historia.

Pero algunas techumbres eran demasiado opacas y nació la necesidad de eliminar tinieblas. Se inventaron las cúpulas luminosas de cristal.

De algunas clasificaciones

Las especies de hombres son innumerables en su género, como las variedades de animales. Propondremos algunas clasificaciones de entre aquellas tan sólo que pueden corresponder a las líneas generales de nuestro tema.

Se podría, por ejemplo, dividir la generalidad de los caracteres en tres grandes categorías: los caracteres simples, los caracteres compuestos y los caracteres contrastados.

En los caracteres simples las cualidades y los defectos son homogéneos. Para bien o para mal, son de un color o tienen un tono dominante. El hombre será, por ejemplo, avaro o celoso, vanidoso o crédulo. Sus facultades y sus costumbres se resumirán en uno de esos rasgos principales. Tendrá, más o menos, una cualidad o un defecto esencial que será toda su personalidad.

El carácter compuesto es la aleación de varios vicios, cualidades, pasiones o defectos cuya complicación constituye naturalezas morales muy difíciles de definir o de explicar.

El carácter contrastado no es más que una variedad del carácter compuesto. Al reunir los extremos, es aún más difícil de analizar. Así, no es raro hallar hombres avaros y pródigos, orgullosos y viles, flexibles y altaneros, audaces y tímidos, francos y taimados, valientes y pusilánimes.

¿Cuál es el sello de su personalidad, la ley general de su ser? Tenemos los excéntricos.

Los hombres con alma, y otros de quienes puede decirse que no la tienen.

Los espíritus falsos, los espíritus estrechos, los espíritus justos.

La gente artificiosa y la que no lo es.

La gente positivamente buena, los que son positivamente malos y los que no son ni buenos ni malos; aquellos cuyo fondo vale más que la corteza y aquellos cuya corteza vale más que el fondo.

Los caracteres concentrados y los caracteres abiertos.

Los hombres que sólo tienen cualidades morales y los que sólo tienen talentos.

Los hombres de sangre caliente y los de sangre fría; aquellos cuyo ardor procede de la imaginación y aquello en los que procede del temperamento.

Los activos y los indolentes. Los que son activos sin destreza y los diestros sin actividad. Los espíritus inconstantes y los que son perseverantes, los dubitativos, etc.

Sólo hacen falta siete colores para obtener la variedad infinita de ellos; sólo hacen falta siete notas para crear el mundo de las armonías; sólo hacen falta diez cifras para producir cantidades infinitas; esto nos permite figurarnos la variedad de los caracteres, ya que en el hombre cada pasión, cada cualidad o cada defecto susceptible del más y el menos hasta el infinito se combina con otras mil facultades susceptibles a su vez hasta el infinito del más y el menos.

El mérito intelectual de los hombres presenta otros contrastes no menos extraordinarios. Vemos a hombres cuya mente parece muy abierta en lo tocante a ciertas categorías de ideas volverse sordos, mudos y ciegos en cuanto se trata de otra cosa. Vemos a publicistas que aconsejan y critican a los gobiernos con más o menos autoridad y que serían inca-paces de abrir la boca en una reunión; vemos a oradores que desarrollan admirablemente las cuestiones, dan opiniones llenas de sabiduría, y que actuarían con total ineptitud si se les confiara un mínimo poder. Vemos a hombres con talentos especiales, de una incapacidad inaudita para todo lo que no forma parte de su especialidad. Finalmente, es posible hallar gente obtusa en apariencia, incapaz ni con la palabra ni con la pluma de desarrollar sus ideas, y que se desenvolvería de maravilla en la esfera de la acción.

Las opiniones teóricas que nos formamos acerca de la política, la religión y la moral son otras tantas ramas de alienación mental para una cantidad de individuos que tienen sobre estas materias ideas verdaderamente rayanas en la locura. Además cabe añadir que los caracteres cambian, no sólo porque las ideas se modifican con la edad, y los defectos, extravagancias y vicios se acentúan, sino porque cambian según la posición que uno ocupe.

¿En qué consiste el conocimiento de los hombres?

El conocimiento de los hombres consiste en descubrir a todos los hombres individualmente a través de sus acciones y su lenguaje, en afirmar lo que son, en adivinar, en prever lo que harán en tal o cual circunstancia determinada. No se les puede juzgar por lo que parecen, ya que no parecen lo que son. No se les puede juzgar por lo que dicen, ya que no dicen lo que piensan; y aunque fueran sinceros, no se puede creer lo que afirman, ya que ellos mismos no se conocen lo bastante como para responder de sus acciones.

De las cualidades y de los talentos

El punto de vista de la sociedad es el éxito. Ahora bien, este punto de vista cambia radicalmente las opiniones comunes y convencionales cuando se trata de apreciar las cualidades y los talentos. Así, se pueden tener casi por seguros los dos puntos siguientes:
1.- Que la mediocridad es lo más ventajoso cuando de inteligencia se trata.
2.- Que muchas cualidades son defectos y que muchos defectos o vicios son cualidades.

Cambie por tanto el mucho saber por un poco de habilidad, el mucho ingenio por un poco de sentido común, la mucha profundidad por un poco de superficie, algunas ventajas externas por cualquier cosa. La charlatanería es la mitad del arte de medrar.

De las inteligencias limitadas: llamados necios

Regla general: lo que le falta a la inteligencia o a la imaginación beneficia al carácter y al entendimiento de la vida práctica. No es pues tan sólo una condición de la felicidad tener una inteligencia limitada, es una condición de éxito. Los necios son las gentes que triunfan, que medran, que se enriquecen, que están bien retribuidas, bien establecidas, gente con cargos, con títulos, con condecoraciones, diputados, literatos de renombre, académicos, periodistas. ¿Acaso se puede ser un necio cuando se llevan tan bien los negocios? Evidentemente no.

Los hombres que necesitan a los demás sólo tienen un medio de utilizarlos para su interés: gustarles. Esto basta para explicar en todas las latitudes y en todas las épocas el éxito de la mediocridad. Existe naturalmente una distancia considerable entre los principios de la moral y las conclusiones de la vida práctica.

Acerca de la línea de conducta

La línea de conducta es la aplicación constante de las reglas que supuestamente gobiernan las situaciones. Cuando se dice de alguien que no tiene línea de conducta significa que carece de plan y de sistema, o, lo que es lo mismo, que ignora las reglas del juego al que está jugando. Esta gente cuenta en la vida como ceros a la izquierda de un número.

El primer principio, el principio por excelencia de la línea de conducta en general es el siguiente:
El camino más corto entre dos puntos es la línea curva.
El encadenamiento de las curvas constituye la táctica. Éste es el corolario del principio anterior.

No existe ninguna táctica perfecta. Ocurre lo mismo que con las falsas maniobras en la guerra; cada error comportaría una derrota si el enemigo los viera todos y supiera aprovecharlos; pero la mayor parte de las veces se lucha contra enemigos no menos incompetentes. La ineptitud está tanto a un lado como al otro; y gana el menos torpe o el más afortunado.

De la ambición en general

La ambición es generalmente la pasión por conseguir que se hable de uno, elevar la propia personalidad por encima del común de los hombres y utilizarlos para sus fines. Los más ambiciosos son los más mediocres, y por tanto son también los más activos. El instinto de dominación es la primera cualidad del ambicioso. Todo el que quiera dominar dominará, ya que en todos los terrenos el mundo sólo cuenta con los que pretenden algo. Por lo tanto, en general vale más tener ambición que aptitudes.

La dominación se basa en lo más puro y elevado que contiene el alma humana. A primera vista, puede parecer increíble. Sin duda, las jerarquías sociales se nutren de la estupidez humana. La ignorancia, la incapacidad, la debilidad, el servilismo y la bajeza explican los gobiernos, los príncipes, los hombres de Estado que explotan a los pueblos en beneficio de sus ambiciones. Pero no se podría gobernar sin las facetas más nobles del alma humana, y los políticos sagaces lo saben. Los hombres, son susceptibles de pasiones pura-mente ideales como el entusiasmo, el afán de gloria, el sentido de la disciplina, de la obediencia, de la abnegación y del deber. Se explota mejor a los hombres con esto que con sus instintos más perversos.

Cúpulas aristocráticas y principescas para impresionar y empequeñecer al visitante y convertirlo en un inferior.

De la maldad calculada

Los teólogos demuestran un profundo conocimiento de la naturaleza humana al representar a Dios como un ser infinitamente bueno, pero sobre todo infinitamente temible. Este aspecto es esencial, ya que el mal es algo más palpable que el bien. Los motivos de temor impresionan más que los de esperanza; y el mal les parece a los hombres un signo de fuerza más imponente que el bien, y en consecuencia actúa más sobre su imaginación.

Los principios falsos y los sentimientos perversos tienen por doquier mucha más fuerza que sus contrarios. Estas consideraciones arrojan cierta luz sobre la ciencia del gobierno, sobre la política, cuyos manejos secretos son bien conocidos. El mal es su principal resorte. Por ello la bondad es una cualidad absolutamente negativa para los príncipes. No puede serles de ningún provecho.

Es imposible medrar sin una cierta negrura de carácter, que hay que adquirir a fuerza de voluntad si no se tiene la suerte de poseerla por naturaleza. Por supuesto que no se trata aquí de una maldad brutal o irreflexiva, sino de una maldad consciente de sí misma, de una maldad calculada según los instintos de la naturaleza humana.

Cielos armoniosos

En 1917 se celebró en Moscú el Juicio del Estado Soviético contra Dios, en una parodia del Tribunal Popular, presidido por el comisario de Instrucción Pública, Anatoly Lunacharsky (1875-1933). Este tribunal halló a Dios culpable de los cargos imputados, por lo que se le condenó a muerte, siendo ejecutada la sentencia por medio de una salva de fusilería dirigida al cielo.

De los partidos

En realidad nunca hay más que dos grandes partidos enfrentados, los que quieren derrocar al gobierno existente porque no les permite hacer sus negocios, y los que quieren conservarlo porque conviene a sus intereses. Los partidos, y éste es un punto importante, deben procurar ante todo no parecerse, es decir que no deben tener ni las mismas ideas ni las mismas tendencias. Nada en común. El matiz sólo existe a condición de no parecerse a otro matiz, y esto es lo que ocurre con las opiniones de los partidos. De ahí que cada uno de ellos se considere infalible y se vea obligado a sostener lo contrario de lo que sostienen los otros, a pregonar que en ningún caso está dispuesto a darle la razón al adversario, y que, aunque éste le presentase la mismísima verdad en bandeja, se vería en conciencia obligado a rechazarla.

Cuando vemos que en un país hay siete u ocho partidos, podemos estar casi seguros de que la mitad o más son partidos ficticios, es decir, que viven de ideas falsas. Al falsear un principio se crea un principio nuevo. Al falsear varios principios se crea un nuevo cuerpo de doctrina.

De la política

En todas las épocas se ha tenido la política en gran estima; ha sido en nuestros días cuando algunos espíritus quisquillosos han intentado pedirle sus credenciales, discutir sus servicios y hasta negarle cualquier carácter científico.

La política no es más que una gran destreza, es simplemente la cara especulativa del poder y de la ambición. Es comprensible que semejante ciencia no haya realizado nunca progresos; no tenía progresos que hacer, porque desde sus orígenes fue perfecta.

Nadie le pide a la política que sea consecuente consigo misma; siempre se puede uno contradecir. Adopta un sistema y sigue otro, anuncia la paz y hace la guerra, anuncia la guerra y hace la paz. Va a luchar al norte por un interés del que luego se desentiende. Sostiene en el sur un régimen que luego ayuda a derrocar. Penetra en un territorio en nombre de la con-quista, luego sale precipitadamente en nombre del derecho de gentes; se alía con una potencia e inmediatamente se distancia de ella. Se adhiere a un sistema continental, luego lo abandona, y luego regresa a él. Todo esto es política, y de la buena, tan buena al menos como permite la debilidad humana.

La política hace sus cálculos basándose en las debilidades, las pasiones, los prejuicios y los errores. Siendo una ciencia especulativa, emplea en sus combinaciones el rigor de los procedimientos algebraicos, opera con los hombres y las cosas como con cantidades abstractas. Son una verdadera miseria las ideas por las cuales uno se apasiona cuando ve lo que valen y lo que duran.

El arte del ensamblaje

De la diplomacia (o el arte del ensamblaje)

La diplomacia es el arte de los pretextos y el instrumento de la política. Hay que verla como un procedimiento cuyas distintas fases preceden o siguen a los actos. Es sabido además que se puede defender el error con tanta elocuencia como la verdad. Un gran talento de orador no implica en absoluto un talento de estadista; al contrario, todos los errores a los que se dejan arrastrar las corporaciones o las reuniones políticas son consecuencia de largas arengas ruidosamente aplaudidas; y la historia de los gobiernos parlamentarios ofrece el ejemplo constante de oradores cuyas argumentaciones son un modelo de lógica, cuyos discursos son un triunfo y cuyas acciones son un disparate y un sinsentido.

Las asambleas parlamentarias se componen de tres elementos bien conocidos: una fracción gubernamental, generalmente denominada la derecha, una fracción opositora, generalmente denominada la izquierda, de las cuales la última suele pedir lo imposible y la primera suele rehusar lo posible, y una masa flotante a la que hay que convertir y atraer denominada mayoría. En esto consiste la táctica parlamentaria. El mecanismo del procedimiento parlamentario proporciona medios muy ingeniosos para conducir y dirigir los debates. Existen gran cantidad de recursos que se llaman enmienda, moción, orden del día, cuestión de procedimiento, escrutinio secreto, discusión previa, etc., cuyo formalismo detallado constituye una ciencia mediante la cual se entierra una cuestión, se perjudica la economía de un proyecto de ley, se interrumpe una discusión, se lanza un globo sonda y otras triquiñuelas similares, que son la base de las luchas parlamentarias.

El orador ya sólo es un artista al que se va a aplaudir. Se emulan los discursos largos; se compite por ver quién hablará durante más tiempo. Todos quieren publicar su tomo de discursos. Los discursos se leen. Florece la raza de los oradores vanidosos, revolucionarios o acomodaticios. Se gastan todos los tesoros de la lengua para resumir pensamientos comunes cuya expresión es insignificante.

Del crédito y del favor

Cada uno trata la vida a su manera, según su temperamento. Unos caminan siguiendo una línea curva; otros, en línea recta. Están los que se deslizan y los que se abren camino a machetazos. Las formas de medrar ciertamente no las han simplificado las revoluciones. No sólo una competencia desenfrenada cierra todos los caminos, sino que el estado de aislamiento en que se hallan los individuos opone a su ambición nuevos obstáculos. Ya nadie quiere ayudar a nadie a triunfar. Unos a otros se apartan a codazos. Las costumbres brutales de nuestra época, así lo imponen.

De las relaciones

El interés de toda biografía puede resumirse en estas palabras: ¿Cómo ha logrado medrar? Cada biografía es distinta porque las circunstancias varían hasta el infinito; pero los elementos para sentar las bases de la fortuna son siempre los mismos en todas las épocas. Sólo se crece por agregación sucesiva. Hay que tener un bagaje de relaciones, de padrinos y de amigos. Las relaciones pueden considerarse como ambientes sociales en los que se va a la caza de ocasiones propicias; y naturalmente, cuanto más numerosos sean estos ambientes, más se incrementan las oportunidades.

Es fácil comprender la exactitud de este punto de vista, ya que ¿cómo puede alcanzar sus objetivos quien al comienzo sólo cuenta con su habilidad, si no es mediante dos o tres oportunidades al vuelo y aprovechadas con vigor?

Aunque las clasificaciones sociales sean casi siempre de una exactitud harto dudosa, podríamos decir que hay dos grandes especies que forman la turba: los indiferentes y los inútiles. Los que no pueden hacer nada por nadie y los que sí podrían, pero de los que nunca se saca nada. Si uno les cuenta sus asuntos íntimos o les pide un favor, le miran y nada más. En medio de esa turbamulta espesa de hombres encerrados en un egoísmo feroz, hay unos poquísimos que tienen la vocación de ser útiles a los demás; la naturaleza los ha destinado especialmente para ello. El gran arte consiste en descubrirlos y utilizarlos.

De los protectores y los auxiliares

Para llegar a algo hay que empezar siendo el hombre de alguien. Es el periodo del padrinazgo, periodo fundamental, ya que en este intervalo se inicia el aprendizaje del favor, aprendizaje durante el cual uno puede juzgar por sí mismo si tiene o no aptitudes para medrar.

Nunca es totalmente imposible encontrar protectores. Es una función social suficientemente representada; pero cuando se ha encontrado uno, lo difícil es conservarlo. No saberlo conservar lo suficiente como para sacarle todo el jugo constituye la prueba decisiva de que uno no es capaz de medrar. Conviene calcular exactamente la dosis de egoísmo personal que puede entrar en el sentimiento del padrinazgo. El padrino aspira a satisfacer ciertas necesidades de su naturaleza moral que hay que cuidar con esmero. Se elige a un protegido como se elige un mueble o un animal doméstico; el resto debe saldarse con un tributo de adulaciones que conviene ir administrando sin cesar. Si flaquean un día, se tomará nota inmediatamente, y ello habrá de figurar en la cuenta cuando llegue el momento de caer en desgracia.

Regla general: Un protector al que no se ha logrado conquistar acaba convirtiéndose generalmente en un enemigo.

Segunda regla: Quien no hace progresos en el favor de su protector retrocede. Si uno no consigue de su protector todo lo que éste puede dar es como si no hubiera hecho nada.

Tercera regla: La gente sólo os protege mientras supone que aún sois nuevo. En general, si la protección no ha empezado antes de los veinticinco años, ya no empezará.

Los protectores rivales tropiezan y se contrarían unos a otros en los tejemanejes que hacen por sus protegidos; si se trata de un cargo o de una buena oportunidad, el éxito pertenece al que más pone en la balanza. Los auxiliares son gentes subalternas, influencias intermediarias que facilitan la acción de los agentes superiores. Los auxiliares guían, informan, indican, conocen de primera mano, apartan los pequeños obstáculos que tan importantes son en los asuntos de antesala. El auxiliar puede ser un jefe de negociado, un agente de policía, secretario o un conserje. Conviene tener gente de ésa en todas partes.

De los amigos y partidarios

El sentido de la vida indica que hay que hacer mucho más caso de los amigos que de la amistad, ya que el arte de medrar tan sólo considera a los amigos como auxiliares de un cierto tipo. Lo malo es que los amigos no se consiguen general-mente al comienzo sino al final, de suerte que aparecen cuando en rigor ya se podría prescindir de ellos.

Hay tres cosas que pueden procurar amigos, además de la fortuna y el poder: el ingenio, la originalidad y el ridículo. A menudo vemos que los hombres de carácter débil tienen amigos. Incitar, aconsejar, dirigir a la gente, embarcarla en multitud de negocios de los que no es fácil salir con bien, he aquí uno de los placeres que proporciona el trato con hombres apocados. Si tenéis algún mérito personal, hay una divinidad que guardará inviolablemente vuestra puerta e impedirá que los amigos se acerquen. Son los celos. En este caso, no hay más remedio que ser rico o tener ingenio. De lo contrario, estáis perdido.

Ocurre con los amigos lo mismo que con los protectores: es más difícil conservarlos que adquirirlos. Hay que pasar una prueba muy delicada, que es la de ver completamente al desnudo el fondo de su carácter, porque la amistad se asemeja en esto a otro sentimiento: mientras está en ebullición impide ver la realidad. Los amigos quieren ser paseados, divertidos, distraídos y ocupados; de lo contrario, se aburren. Los amigos necesitan ser aconsejados y dominados; de lo contrario, se entregan a otros. Hay que acostumbrar a los amigos a hacer los favores que uno necesita. Es difícil pero hay que enseñarles a cubriros, a defenderos si es necesario y esto es casi imposible.

La camaradería no es más que una especie de amistad organizada en común para facilitarse recíprocamente la escalada de las posiciones útiles y agradables.

De la ley de las simpatías en general

Para hacer carrera lo más importante es agradar. Jamás en ninguna época los poderosos, los ricos, las mujeres, los ministros y los príncipes, conocerán otra razón para conceder sus favores. Agradar es obtener favores. Muchas esperanzas no colmadas, ambiciones abortadas, pasiones no correspondidas se explican por estas simples palabras, por este epitafio: desagradó.

¿Y cómo agradar? Por las pequeñas cosas. Las ambiciones de todo tipo pasan por un periodo de prueba, una candidatura necesaria de la cual ni el favor más explícito puede dispensar totalmente. Así, es imposible que os regalen por las buenas un alto cargo aunque quisieran; sería un escándalo; hay que demorarlo.

El periodo de incubación es aquel durante el cual uno se está iniciando en las vías del favor. Es el periodo más decisivo. Uno no tiene todavía más que un pie en el estribo, y está preparándose para montar. Es el tiempo durante el cual los hombres de quienes depende vuestra fortuna os observan, sin por ello preocuparse de vuestros intereses. No harán nada espontáneamente hasta que las circunstancias les fuercen la mano.

Es el momento de hacer que os tomen en serio, y esto es grave, muy grave. Si descubren en vos que estáis demasiado relajado o que sois demasiado vehemente, o poco sociable, o sincero, o serio, o que tenéis demasiado talento, o que sois desinteresado y honesto, todo esto son notas negativas en vuestro expediente, se desharán de vos en cuanto puedan.

De los consejos

Ser impenetrable sin parecerlo, borrar todas las pistas, estar al corriente de todo lo que se dice, al tanto de todo lo que se trama, evitar las emboscadas y atraer a los rivales con un arte imperceptible hacia las que uno mismo prepara, captar con ojo de lince las debilidades y ridículos, mantener siempre una compostura perfecta, halagar constantemente a los enemigos, mostrarse serio o frívolo según con quien se trate, ocuparse a un tiempo de los negocios y de los placeres; ser fértil en astucias para atacar, en subterfugios para eludir, en rodeos para disimular, en agudezas para desconcertar a los serios con una broma, en pretextos para salir de los atolladeros, no perder ni una palabra, ni un gesto, ni un simple movimiento de la fisonomía, adivinar todos los obstáculos, adoptar todas las formas; y muchísimas cosas más.

Para triunfar políticamente, hace falta construir un escenario o plataforma de actuación. Diseñar cierta decoración, proveerse de tramoya adecuada, organizar el espacio escénico para la presentación pública, asegurar la capacidad de convocatoria, para el compadreo, para marcar excelencia... aunque en el fondo todo es atrezzo y cartón piedra, incluso las sonrisas y los saludos.

Espacios para la comedia y el drama

La política es como los decorados del teatro; hace efecto a distancia, pero cuando se está en el escenario sólo se ve madera y cartón. Al llegar a la opinión pública, los actos de la política se transforman y se elevan adornados con los colores más vivos, lo mismo que la larva repugnante se torna en brillante mariposa con los rayos del sol.

El mérito de un consejo no consiste en su valor intrínseco. Teóricamente un consejo no vale nada, no significa nada si no está al alcance de quien lo recibe y de sus medios de ejecución. Lo mismo que no es útil decir cosas sensatas, sino decirlas con gracia, tampoco es útil dar buenos consejos, sino darlos con talento. Un mal consejo bien presentado vale más que un buen consejo mal deducido.

Del papel de la calumnia

La calumnia es el principal instrumento que se utiliza en las cortes para atacar y destruir a los enemigos. Este gran agente moral, que por otra parte se emplea con gran éxito en política, es ante todo un arma de cortesano, pero un arma de doble filo que sólo tras larga práctica se logra manejar sin peligro. Se diría que el alma humana está conformada adrede para recibir las influencias de la calumnia. En ella se fecundan los gérmenes más diminutos. Una simple sospecha, la más leve maledicencia, el ridículo más mínimo sembrado con arte desacreditan a un hombre ante otro sin que uno pueda defenderse de la impresión, de tan rápida-mente como se desliza en la mente y encuentra allí un campo abonado.

De la fama

La fama tiene su origen en uno de los sentimientos constitutivos de la especie humana: la tendencia a la admiración, al entusiasmo que, llevado a sus últimas consecuencias, toma el nombre de fanatismo y de fetichismo. Los hombres, en su necesidad de admiración les es imprescindible tener a quien admirar. Una sola cualidad bien explotada puede abrir todas las puertas y en la vida social, los hombres valen por las pequeñas cosas, y muy raras veces por las grandes. La admiración humana por la excelencia en las artes sociales tiene grados cuyas proporciones pueden fijarse muy someramente como sigue:

1.- Arte de destruir a los hombres: Primer objeto de admiración en la conciencia universal.

2.- Arte de gobernarlos, es decir, de hacerlos trabajar y recoger su dinero.

3.- Arte de divertirlos: Historia, danza, poesía, elocuencia, teatro, música y literatura variada, pintura, escultura.

No se puede afirmar que, para su inmortalidad, el político deba hacer cosas grandes, pues no todos los hombres entienden la grandeza de la misma manera. Lo que sí puede afirmarse es que debe hacer cosas extraordinarias, sorprendentes, fuera de lo común, ya que la admiración se basa en el asombro.

Ni siquiera es imprescindible que el éxito corone sus empresas cuando están bien concebidas desde el punto de vista del efecto general que deben producir. Desastres pavorosos, ruinas y derrotas sangrientas conducen lo mismo, e incluso mejor a la inmortalidad que los éxitos más triunfales, pero necesita medios de divulgación. La fama ya no existe fuera de la prensa.

*

Actualmente este factor es extensible a todos los elementos mediáticos. Prensa, radio, televisión, publicidad, redes sociales etc. En la época de Joly, era necesario "agradar" para no ser ignorado por el público. Hoy, incluso "desagradando" puede llegar la popularidad y la fama. La polémica juega su papel y lo realmente importante es que se hable y se conozca al personaje.

Existe una regla de oro: la opacidad es para los mediocres.
Lo invisible es inexistente.

Especulación de las cualidades y de los talentos necesarios para hacer fortuna

(Aquí, Maurice Joly detiene la escritura de su libro y únicamente apunta, a modo de índice, los temas que deberían ser tratados en futuros capítulos nonatos. Hemos actualizado levemente las sugerencias)

Principales profesiones para ganar dinero: Todas aquellas que conlleven junto a la actividad profesional, un ansia claramente desmesurada de hacerse rico sin escrúpulos.

De los medios tontos pero seguros de conseguir algún millón de euros de una vez, sin tener que desembolsar un céntimo: Especular, especular y luego disimular. Tomar ejemplo del entorno o realizar algún cursillo para el estudio del "Funcionamiento de la Especulación".

De que los peores negocios son los mejores, y de que todo depende de cómo se sepa maniobrar: Emprenderse en negocios inútiles, insulsos o vulgares, pero de vistosidad mediática.

Argucias y combinaciones, fondos y trasfondos: Aquí la perversidad humana nos lleva a sofisticados tejemanejes demostrando que la imaginación al servicio de la perversión es casi infinita.

Negocios fallidos o revisión retrospectiva de los principales procesos penales de los últimos años, con indicaciones sumarias de los procedimientos mediante los cuales se habrían podidos evitar estas catástrofes: Basta con leer la prensa de las hemerotecas y revisar los archivos de televisión y radio:

De que cuando todo el mundo quiere robar, nadie puede quejarse de que le roben.

Gente orgánicamente constituida para ser robada, y que sería una ofensa no hacerlo.

De dónde empieza la capacidad de los negocios; de que se mide realmente por el número de millones ganados y por qué.

Del grado de mezquindad, estupidez, deshonestidad e ineptitud necesarias para hacer fortuna en los tiempos que corren.

Del daño que puede producir la compasión. Es muchísimo más peligroso utilizar elementos de misericordia y solidaridad, que introducir análisis racionales de justicia e igualdad.

De cómo hace falta detectar tanto la pátina progresista de la izquierda y del "kumbaiá", como la cristiano-hipócrita visión de la derecha casposa.

Hay hermosos apartados más, que el autor se ve obligado a reservarse.

CONCLUSIÓN de Joly

He aquí, la gran síntesis:
La ciencia de la vida considerada en sus relaciones con el gobierno de los estados, se llama la política.
Considerada en sus relaciones con los intereses privados, es lo que crudamente se llama el arte de medrar.
Considerada desde el punto de vista de los sufrimientos del alma humana y reducida a preceptos morales para gobernar la vida, es lo que los antiguos llamaban la sabiduría.

Este libro, *"El arte de medrar"*, puede contribuir al bien de la especie humana. Primero, aporta al escepticismo su base racional. Proporciona puntos de vista muy ventajosos para juzgar a los charlatanes, cuya especie pulula extraordinariamente. La teoría general de la comedia humana es obviamente el arte de medrar.

En cuanto a la ejecución propiamente dicha, no es sino una indicación del método a seguir y una invitación a colmar las lagunas, dirigida a los hombres de buena voluntad. Cuando se haga, tendremos un código perfecto de la moral tal como existe y como vemos que la practican los hombres de Estado, los financieros, los sectarios y otros fanfarrones contemporáneos.

Creemos que el progreso moral comenzará sin duda:

Cuando la vanidad salga del vientre de los señores Fulano, Mengano y Zutano, y deje que entre el amor puro por el bien público.

Cuando los hombres que sienten respeto por los principios y temen a los dioses inmortales no presten oídos ni se inclinen ante gobiernos a los que desprecian.

Cuando los que se llenan la boca hablando de causas sagradas se gasten algún dinero para apoyarlas.

Cuando la oposición, una vez conquistado el poder, deje de hacer leyes reaccionarias.

Cuando un hombre con buenas rentas y buena posición se exponga a algún pequeño percance por decirle la verdad al poder.

Cuando se luche de verdad por defender las propias convicciones políticas.

Cuando los que nadan en las aguas del presupuesto pidan una reducción de impuestos.

Cuando las muchachas de vida alegre dejen de serlo gracias a los defensores de la religión, de la propiedad y de la familia.

Cuando los que se burlan en voz alta de las condecoraciones y premios, no vayan a solicitarlas de rodillas o arrastrándose por las antesalas.

Cuando los demócratas se preocupen realmente de la democracia.

Cuando se quiera hacer la felicidad del pueblo sin pensar en los propios negocios.

Cuando el más fogoso de los parlamentarios no prefiera mil veces ser vencido resultando brillante en la oposición, antes que aceptar un cargo subalterno por la victoria de su partido.

Cuando simples ladrones no parezcan gentes de bien al lado de mucha gente honrada.

Cuando los promotores de sistemas económicos nuevos se expresen en un lenguaje claro.

Cuando se puedan ganar millones rápidamente por medios lícitos y únicamente por medios lícitos.

Cuando se sea capaz de renunciar a un cargo y a un sueldo para mantener la propia independencia.

Cuando los que han llegado a la cumbre, jóvenes o viejos, no presten el lazo para estrangular a los nuevos talentos.

Cuando hagan falta muchos conocimientos para hablar de política y mucho talento para hacer un discurso.

Cuando ya no estemos obligados a torturar la lengua para decir lo que pensamos, y podamos llamar a cada cosa por su nombre exacto.

Cuando...

El lector podrá continuar esta enumeración.

Acerca de un tema como éste, no hay principio ni final y cada uno convierte en última línea la que puede.
¿Existirá esta ansia de medrar en las antípodas?

*

LOS POLÍTICOS VENTOSEAN

Nota
Ventosidad: flatulencia, gases, mofeta, pedo, cuesco.
Gases intestinales encerrados o comprimidos en el cuerpo, especialmente cuando se expelen.

En general, los políticos ventosean por la boca. Utilizamos el término "en general", porque somos respetuosos con la realidad y aún consideramos que pueden existir alguna posibilidad de encontrar algunos seres cándidos o desorientados, que sin comerlo ni beberlo se hallan inmersos en alguna actividad del mundo de la política; pero casi siempre, los políticos ventosean mientras buscan en su verborrea, la tontería más adecuada para el momento menos oportuno. Su estrategia, si la hay, consiste en sembrar un mar de ventosidades bucales que pretenden ser aleccionadoras, aclaratorias o justificadoras en un intento hipócrita de exponer hechos o defender turbias actitudes. Toda la parafernalia que configura el esqueleto del discurso, está pensada para defender argumentos que o bien no existen, o no son defendibles desde la óptica racional de cualquier ciudadano mínimamente inteligente. Pero el político ventosea su sermón con absoluta desfachatez y cinismo, creyendo que los oyentes son más tontos que él y que su ingenuidad le permitirá tragarse lo que considera sus brillantes ideas, siendo en el fondo, únicamente ventosidades bucales.

Veamos un pequeño ejemplo tomado al azar de los archivos sonoros:

Discurso desde la tribuna de oradores

Señorías: ... Sin duda, serán necesarios nuevos gestos, espectaculares y simbólicos, para sacudir la somnolencia de este país. Los enemigos del alcohol le hacen mal al hígado. Los partidarios del desenfreno dicen que el hígado le hace mal al alcohol. Es sumamente difícil tomar decisiones en estado de agitación. Siete de cada diez acciones se quedarán cortas. Por el contrario, si lejos de preocuparnos por las consecuencias insignificantes, se abordan los problemas, con un espíritu afilado, se encuentra siempre la solución en menos tiempo del que se necesita para gritar siete veces. Porque es ilícito considerar ilícito lo que es licito. Señorías... el abstencionismo es una especie de religión absurda que participa de la característica común de todas las religiones absurdas: la manía de crear tristeza. No tengo derecho a crear un pecado para mi vecino, sosteniendo la ilicitud de las ostras o la ilicitud del alcohol. Yo puedo crearme un dolor para convertirlo en sacrificio, porque es una manera de alegría; pero no tengo derecho a crear un dolor para procurarme una tristeza, porque la tristeza no tiene nada que ver con la virtud. Yo puedo renunciar al alcohol, como puedo renunciar a las ostras. En este país, la virtud ridícula pide una moral indecente, porque la moral sea del color que sea, es pastosa y la virtud ridícula reside precisamente en la ausencia de virtudes decentes y pastosas. No me extenderé más en vanas divagaciones partidistas y poco concretas. Hechos significativos avalan cada una de mis palabras hasta llevarlos a las más profundas convicciones de cada uno y solamente así, seremos dignos de crédito. Muchas gracias.

Y ¿EN LAS ANTÍPODAS, CÓMO LO VEN?

Un antípoda es un habitante del globo terrestre que, con respecto a otro, mora en un lugar diametralmente opuesto. Un antipodista es un individuo que ve las cosas al revés. Pero, realmente ¿Son tan al revés cómo podemos suponer?

Jean Lagarrigue (1972)

En las antípodas viven los humanos con las ideas limpias, o sea, aquellas que hacen sentirte contento cuando otra persona está contenta y triste cuando alguien está en apuros. Allí, la gente tiene necesidad de belleza y todos desean de verdad, lo mejor para todos. Nadie puede ser feliz si no lo es todo el mundo. La envidia y la rivalidad son desconocidas y la venganza imposible. Nadie se interpone en el camino de nadie y nadie triunfa sobre nadie. Todos se respetan y buscan el equilibrio y la coherencia en sus relaciones. No existe la pobreza, no hay reyes ni emperadores y cada uno manda sobre sí mismo. Se vive en el ocio, lentamente, sin una necesidad imperiosa de trabajar en algo que te desagrada. La precipitación no existe y la inquietud, esa pegajosa angustia, es desconocida. Disfrutan de una paz interior que no les obliga ni a consumir ni a divertirse constantemente. Han aprendido a cultivarse y cultivar en un río plagado de estímulos. Los humanos de las antípodas viven una vida tan sencilla y transparente que incluso las enfermedades graves han huido. Sólo se marchitan con el tiempo, entendiendo que su muerte es un paso más hacia el reposo final; sin aspavientos ni tristezas, sin reproches ni rencores para nadie, sin dolor. En las antípodas reina la razón, todo es moderado, apacible y razonable. Se trata de un lugar ideal para vivir aunque debo admitir... que se trata de un mundo de fantasía.

Volvamos a poner los pies sobre el suelo y miremos a nuestro alrrededor.

La masa siempre ha sido conducida de una manera o de otra como un rebaño y se podría decir que su papel histórico consiste sobre todo en dejarse conducir, porque no representa más que un elemento pasivo, una «materia»; para conducirla, hoy día basta con disponer de medios puramente materiales, lo que muestra bien el grado de abatimiento de nuestra época; y al mismo tiempo, se hace creer a esta masa que no está conducida, que actúa espontáneamente y que se gobierna a sí misma y el hecho de que lo crea, permite entrever hasta dónde puede llegar su falta de inteligencia.

Estamos sujetos a una evidente forma de manipulación sutilmente camuflada

*

LA NAVE DE LOS NECIOS

Es una obra satírica y moralista publicada en 1494 y escrita por el teólogo, jurista y humanista conservador de origen alsaciano y cultura alemana Sebastián Brant. Se trata de una sucesión de cuadros críticos, acompañados cada uno con un grabado, en los que el autor critica los vicios de su época a partir de la denuncia de distintos tipos de necedad o estupidez. Las ilustraciones, son grabados reelaborados.
El libro tiene una intención clara:

"Para provechosa y salutífera enseñanza, exhortación y logro de la sabiduría, razón y buenas costumbres; también para condena y enmienda de la necedad, ceguera, desvarío e ignorancia de los humanos de todo género y condición. Recopilado en Basilea, con especial diligencia, seriedad y esfuerzo, por Sebastián Brant, doctor en ambos Derechos".

Los necios van hacia su destino: *Ad Narragoniam*, al país de los necios. Llevan la bandera del doctor Griff y en ella se lee *Gaudeamus omnes* (Estemos todos contentos) con las notas musicales de una canción. Quien se mira bien en el espejo, aprende convenientemente que no ha de tomarse por sabio ni tenerse por lo que no es. Quien se tiene por necio, pronto se convierte en sabio.

El primer danzante soy en el baile de los necios, pues sin provecho muchos libros tengo, que ni leo ni entiendo.
Confío en mi biblioteca. Me contento con ver libros ante mí. El rey Ptolomeo se procuró todos los libros del mundo y consideró esto un gran tesoro; más no encontró la doctrina verdadera ni pudo instruirse con ella. Quien mucho estudia se vuelve fantasioso.

Un necio es quien acopia bienes y no tiene paz ni contento, ni sabe para quién los ahorra cuando descienda a su lúgubre bodega. Más necio aún es quien malgasta con exhuberancia i ligereza lo que Dios ha dado a su casa. Quien no sabe decir sí y no, ni tomar consejo en lo grande y lo pequeño, él mismo recibe el daño. Un necio es quien queiere ser sabio y no muestra ni buen comportamiento ni medida.

Un necio es quien quiere edificar y no calcula antes cuánto va a costar y si puede llevarlo a efecto conforme a su plan. Muchos planearon grandes edificios y no pudieron salir airosos de su empeño. Quien quiera construir sin arrepentirse, piénseselo bien antes de edificar, pues muchos les viene el arrepentimiento demasiado tarde, de modo que el daño le entra en el bolsillo. Mucho mejor es no emprender nada, que abandonarlo con daño, escándalo o burla.

Eso me recuerda una multitud de actuales obras públicas como autopistas, autovias, aeropuertos, lineas de Ave, plazas de diseño, polideportivos superfluos, centros culturales y de ocio… demasiada obra planificada a crédito por necios corruptos.

Quien tiene bienes, se deleita con ellos y no los comparte con los pobres, recibirá una negativa cuando él mismo pida. La mayor necedad de todo el mundo es que se honre el dinero por delante de la sabiduría y que se prefiera al hombre rico.

Un necio es quien pretende servir al mundo y también a Dios, pues cuando un siervo tiene dos señores, nunca los puede servir bien. Un necio es quien se atribula cada día por lo que no puede cambiar. Un necio es quien desea lo que tan pronto le daña como le aprovecha, pues, si lo tuviera y se cumpliera, seguiría siendo tan necio como antes. Algunos desean el poder y subir muy alto, y no se dan cuenta de que cuanto más alto es el poder tanto más profunda será la caída y de que quien está tumbado en el suelo no necesita tener miedo de caer. Un necio es quien se consuela con su desvarío y piensa que es el más grande, sin saber que en una hora se hundirá en el fondo del infierno. Un necio es quien tiene la prebenda que él solo, apenas puede atender y sigue cargando muchos sacos, hasta que asfixia al burro.

Sólo hay un vicio universal: la avaricia. Todos los demás, independientemente de como se les llame, son solamente formas y grados. La vanidad, el orgullo, la ambición, la falta de honestidad, la hipocresía, la maldad... todos en el fondo se basan en el deseo de poseer.

Un necio es quien oye muchas cosas buenas y no se le acrecienta su sabiduría; el que ansía saber mucho y no quiere perfeccionarse con ello, y lo que ve, lo quiere también tener para que se note que es un cuco. Pues es un defecto de todos los necios el que, lo que es nuevo, siempre les place; más pronto han satisfecho su curiosidad y quieren tener algo diferente.

La dicha y el poder no duran muchos años, pues, según el proverbio y el dicho de los antiguos, la desgracia y el cabello crecen todos los días.

Un necio es quien promete más de lo que se sabe capaz de dar o tiene el valor de hacer. Prometer sienta bien a los médicos; pero el necio promete en un día más de lo que todo el mundo puede realizar. Un necio es el que no entiende cuándo habla con un necio; un necio es el que ladra siempre en contra y se pelea con un borracho y quiere bromear con niños y necios, sin aceptar el juego de la necedad. Un necio es el que a los otros hace lo que él mismo de nadie puede tomar por bueno. Un necio es el que mete en su cabeza y cree con ligereza cualquier cotorreo: este es el signo de un necio: tiene las orejas finas y amplias. Un necio es quien se siente turbado en su ánimo cuando se le habla con aspereza y se le quiere forzar a circular por la calle de la verdad.

Un necio es quien no entiende cuando le sucede una desgracia, que se tiene que preparar sabiamente: la desgracia no quiere ser despreciada.

Necedad: hecho o dicho propio del necio.
Tontería, bobada, chorrada, estulticia, sandez, vaciedad.

El nivel de necedad en el cerebro humano ¿es el mismo en todas las sociedades? ¿Cómo es en las antípodas?

*

EL RETORNO DE "La hoguera de las vanidades"

Hablemos claro, hemos creado a un monstruo y amamantado durante varias décadas que creímos de "bonanza económica" y que ahora resulta, que era de "progreso insostenible".

Y ahora, ¿qué hacemos con el monstruo? ¿Qué sucede cuando ha nacido vanidoso, manirroto, contestón, incompetente y corrupto? Parece que la primera necesidad urgente sería la de cambiar la piel y luego los fundamentos. El fondo y la forma. Evidentemente hay gente honesta, inteligente, trabajadora, creativa, competente y preparada, pero, ¿cómo es que la sociedad va en sentido contrario? El mayoritario modelo social imperante no es este. No son las personas las que únicamente fallan, sino el Sistema, es decir, las personas más las reglas generales de funcionamiento.

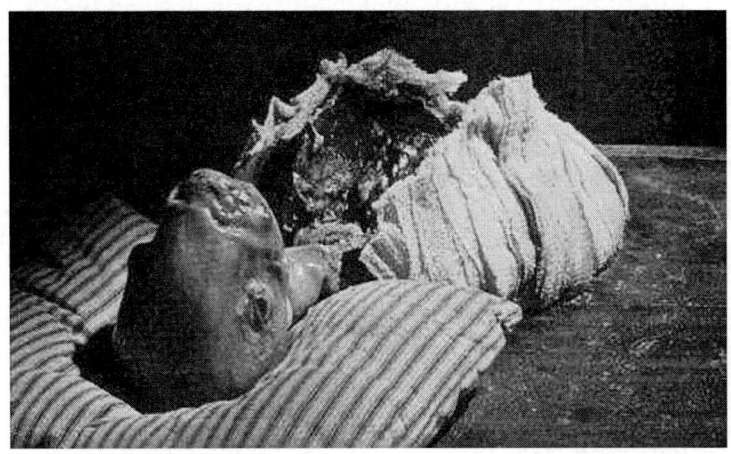

Estado actual de la situación

El capitalismo ha demostrado una enorme capacidad de adaptación a las circunstancias y tiene además un cierto poder hipnótico. Muestra espejismos de bienestar universales y todos pretendemos "crecer" como elemento necesario, inevitable y lógico. El problema es que nos han enseñado hacerlo a crédito. Queremos entrar en el club de los nuevos ricos y rápidamente olvidamos que hemos sido pobres y exigimos el crecimiento del progreso de manera espontánea. Hemos olvidado de donde provienen los privilegios conseguidos hasta ahora. Exigimos el proteccionismo del Estado puesto que en ello hemos sido entrenados y ya hemos perdido la cultura del esfuerzo y engordado la cultura de la subvención. Ahora se nos dice, que todo era a crédito y que las enormes cuotas a devolver nos atormentarán en las próximas tres y cuatro décadas. Varias generaciones pagando los platos rotos.

El problema viene de muy lejos. La política es fuerza y astucia quedando al margen las valoraciones morales. Los que hacen política, les mueve voluntad de poder sea al nivel que sea. Ejercen una actividad que se acaba traduciendo en abuso, prepotencia y en muchísimos casos, ganancias ilícitas. Diógenes lo dijo: *"Los grandes ladrones son los que hacen colgar a los pequeños"*.

Y Bertolt Brecht puso la metáfora: *"La vestimenta de los gobernantes está hecha únicamente de bolsillos"*.

En general, la administración pública está diseñada y con-solidada para que la falta de iniciativa y la mediocridad triunfen. Generalmente los políticos no tiene la talla mínimamente exigible, la intelectualidad del país es únicamente testimonial y el modelo implantado (la globalización), incontrolada. Además, el proceso de globalización también uniformiza defectos y vicios sociales.

El monstruo es enorme. Huele fatal y su hedor se expande por todo el planeta. No se controla la epidemia generada, ni en los parlamentos, ni en los gobiernos, ni en las ideas de las posibles soluciones y si alguna hay, el mercado financiero se encarga de que no se aplique. Lo realmente más peligroso es que nos hemos acostumbrado a la perversión del sistema; un sistema que empequeñece sistemáticamente dos sectores fundamentales: la cultura y la educación. Las humanidades son apartadas de los planes de estudio y las tecnologías, sobre todo las nuevas tecnologías, son prioritarias y promocionadas al máximo. No hace falta que la gente piense, alguien pensará por ellos. Y si no están conformes con algo, el sistema judicial acabará con su paciencia y con sus derechos. Las leyes son como las telarañas, que sirven para atrapar las moscas y pequeños insectos, pero los abejorros las revientan con facilidad. El mal forma parte del plan global. La moralidad de este mundo, el bien o la virtud no son sino apariencias que no tienen detrás otra cosa que deseos, pasiones e intereses inconfesables.

En la *"Fábula de las abejas, o vicios privados, beneficios públicos"* Bernard Mandeville en 1714, sostenía que: *"Un gobierno cínico es el mejor gobierno posible. Al frente de estafadores, parásitos, ladrones, charlatanes y mentirosos, un gobierno corrupto produce riquezas y buenas oportunidades para todos. El egoísmo y las pasiones que se derivan, son la clave del bienestar, mientras que las virtudes frenan el progreso civil. Alterar este orden puede ser fatal: se reduce el precio del suelo, desaparece el arte del ladrillo, los técnicos y artesanos no tienen trabajo. Lo que mueve la sociedad es la corrupción y la ausencia de escrúpulos. Las culturas que condenan el robo y la avaricia están destinadas a languidecer y sucumbir para siempre".*

Mandeville asegura que la economía necesita continuamente incentivos artificiales para corregir balances y la corrupción contribuye al progreso. De hecho, no ha habido jamás una democracia capaz de prescindir del fenómeno de la corrupción. El problema no es quien manda, sino cómo controlar al que manda.

Quizás tenía razón Italo Calvino cuando escribió una *Apología de los honestos en el país de los corruptos*: *"En aquel país, todas las formas ilícitas, desde las más marrulleras hasta las más feroces, se unían en un sistema que tenía estabilidad y coherencia. Un sistema en el que muchísimas personas podían sacar ventajas prácticas sin perder la ventaja moral de sentirse con la conciencia tranquila".*

No me sorprendería encontrar un día a un hombre honrado escondido en algún lugar apartado desconocido de todos. Los demás, vivimos en el país (sociedad) de los corruptos. Calvino sigue: *"Los ciudadanos que no robaban lo hacían no por alguna razón especial, no podía alegar grandes principios patrióticos, ni sociales, ni éticos, ni religiosos. Eran honrados por costumbre mental, por carácter, por costumbre de un tic nervioso. No podían ser de otra manera. Si eran así, era porque las cosas que para ellos eran importantes no se podían valorar en dinero. La cabeza aún funcionaba de acuerdo con unos mecanismos anticuados que relacionaban los beneficios con el trabajo, la estima con el mérito y la satisfacción personal con la satisfacción de otras personas".*

La corrupción está de moda. De hecho siempre ha estado de moda, el corrupto es universal pero la corrupción ahora se nota más, se divulga más y hay más recursos para corromperse. Para ser corrupto el ser humano necesita dos circunstancias: tener la oportunidad de serlo y no tener escrúpulos éticos. La primera es básica y luego ya veremos si la segunda debe entrar en acción. Se dice que todos tenemos nuestro precio y solamente algunos cándidos pueden ser la excepción a esta regla. De lo que no cabe la menor duda es que el dinero y solamente el dinero gobierna el mundo desde siempre, pero además, ahora somos decadentes.

Vivimos una época en que sólo lo superfluo nos es imprescindible. Hoy en día, la gente sabe el precio de todo y no conoce su valor.

El tiempo es una pérdida de dinero.   Oscar Wilde

El hombre es un individuo posesivo, insaciable, egoísta y movido por las pasiones. La razón está simplemente al servicio de las pasiones y del instinto de supervivencia. El deseo de poder, de dominio y de posesión son sus metas.

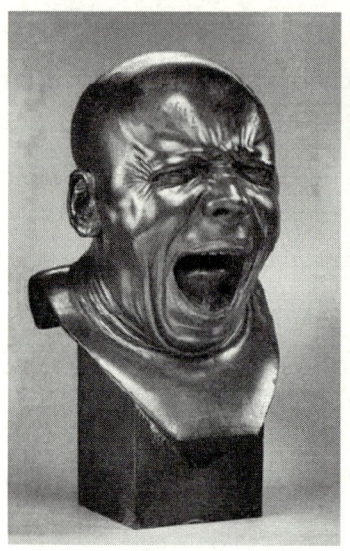 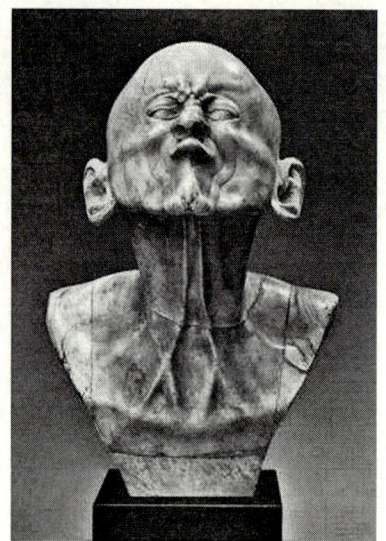

Quememos en plaza pública los residuos de nuestra ambición, vanidad y avaricia de Bancos y banqueros. Las bagatelas producto de nuestro consumo insostenible.
Los dioses del monte Olimpo, al mirar las acciones humanas desde las nubes, ven con antelación el final de todos los grandes sueños que conducen al desastre y a la tragedia. Y se ríen de nuestra incapacidad para ver más allá del momento y de la forma en que nos engañamos a nosotros mismos.

Siendo el hombre terriblemente rebelde y astuto, sólo se le puede domesticar por medio de la astucia. La simple fuerza no es suficiente, sino que se le ha de aprisionar astutamente y se le ha de cautivar.

El arte de poner impuestos, consiste en desplumar el ganso con el fin de obtener el máximo de plumas con el mínimo de alaridos. Nunca se miente tanto como antes de las elecciones, durante la guerra y después de una cacería.

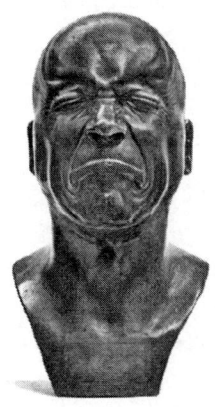

Franz Xaver Messerschmidt, escenificó nuestro estado de ánimo

EPÍLOGO EN BASE AL OPTIMISMO

EN ALGÚN LUGAR... LA REALIDAD SE VE AL REVÉS

¿Es posible que las cosas puedan ser mejores?

Más **MÁGICAS**
EFICACES
JUSTAS
ORIGINALES
RAZONABLES
ESPONTÁNEAS
SINCERAS

Menos
MEZQUINAS
EGOISTAS
JODIDAS
OBSCENAS
RANCIAS
ENGAÑOSAS
SALVAJES

UN VIAJE FANTÁSTICO   (Relatos verídicos)
Luciano de Samósata.   Siglo II

Inicié mi navegación un día desde las Columnas de Heracles, rumbo al Océano de Occidente, con viento favorable. El motivo y el propósito de mi viaje eran mi inquieta actividad intelectual, mi afán por los descubrimientos y el deseo de averiguar qué era el fin del Océano y quien vivía en la otra orilla. A este propósito preparé abundantes víveres, añadí agua suficiente y enrolé a cincuenta compañeros que compartían mi proyecto mis inquietudes; preparé también un buen número de armas, recluté al mejor piloto tras convencerle con un buen sueldo y reforcé mi embarcación para tan larga y difícil travesía.

Navegamos un día y una noche a favor del viento, sin avanzar demasiado, avistando aún tierra; pero al amanecer del segundo día el viento arreció, Creció el oleaje y sobrevino la oscuridad, sin que pudiéramos ni izar la vela. Nos confiamos, pues, y entregamos al vendaval, y sufrimos la borrasca durante setenta y nueve días; pero al octogésimo brilló el sol de repente y divisamos, no lejos de nosotros, una isla elevada y frondosa, en cuyo derredor resonaba un oleaje nada agitado, pues ya había amainado lo más duro de la tormenta. Arribamos al fin y tras desembarcar, como consecuencia de nuestra larga fatiga, yacimos en tierra durante horas, pero al fin nos levantamos y designamos a treinta de nosotros para permanecer de guardia en la nave y a veinte para penetrar conmigo a explorar el interior de la isla. Tras avanzar a través del bosque, descubrimos una estela de bronce, con una inscripción en caracteres griegos borrosos y gastados que decía: «Hasta aquí llegaron Heracles y Dioniso.» Había también dos huellas de pisadas cerca, en la roca. Proseguimos la marcha, y aún no nos habíamos distanciado mucho cuando llegamos al borde de un río de vino. La corriente era abundante y copiosa, de modo que en algunos lugares era navegable. Así nos sentimos mucho más inclinados a creer en la inscripción de la estela, al ver las pruebas de la visita de Dioniso. Decidí averiguar dónde nacía el río y subí bordeando su corriente, mas no encontré fuente alguna, sino numerosas y grandes vides cargadas de racimos; de cada raíz fluía un hilo de vino claro y de ellos surgía el río. Podían verse muchos peces en él, muy semejantes al vino en colorido y sabor; capturamos algunos y al comerlos nos embriagamos; naturalmente, al abrirlos, los hallamos llenos de posos de vino. Más tarde se nos ocurrió mezclarlos con los peces del agua y rebajamos la fuerza de aquel vino comestible. Luego, atravesamos el río por una zona vadeable y hallamos algo maravilloso en las vides: la parte que surgía de la tierra, la cepa propiamente dicha, era vigorosa y robusta, y en la parte superior eran mujeres, totalmente perfectas desde la cintura, de igual manera que nuestros pintores representan a Dafne convirtiéndose en árbol al sujetarla Apolo. De las puntas de sus dedos nacían sarmientos cargados de racimos; asimismo, eran su tocado zarcillos, pámpanos y racimos. Al acercarnos nosotros, nos acogieron con su bienvenida, hablando diversos idiomas y la mayoría lo hacían en griego, y nos besaban en los labios. El que recibía el beso quedaba al punto ebrio y vacilante. No permitían, sin embargo, que tomáramos de su fruto, sino que se dolían y lanzaban gritos cuando les era arrancado. Algunas deseaban unirse a nosotros y dos de mis compañeros, que se llegaron a ellas, no pudieron separarse, sino que quedaron trabados por las partes pudendas, pues se fundieron y enraizaron juntos: ya antes habían brotado sarmientos de sus dedos y trenzados de zarcillos, también ellos se disponían a producir frutos en un instante.

Dejándoles, huimos a la nave y contamos todo a los que allí habían quedado y en especial, la unión de los compañeros con las vides. Entonces tomamos unas ánforas y nos aprovisionamos a un tiempo de agua y vino del río; y acampamos cerca de allí, en el litoral, para zarpar a la aurora con viento no demasiado fuerte. Hacia el mediodía, cuando ya no se divisaba la isla, sobrevino de repente un tifón que hizo girar la nave y elevándola por el aire, ya no la dejó descender al mar, sino que, hallándose en las alturas, sopló viento sobre su velamen y la arrastraba a vela hinchada.

Por siete días y otras tantas noches viajamos por el aire, y al octavo divisamos un gran país en el aire, como una isla, luminoso, redondo y resplandeciente de luz en abundancia. Nos dirigimos a él y tras anclar desembarcamos, y observando descubrimos que la región se hallaba habitada y cultivada. Durante el día nada divisábamos desde allí, pero al hacerse de noche empezaron a aparecérsenos muchas otras islas próximas, unas mayores y otras más pequeñas, de color semejante al del fuego. Vimos también otro país abajo, con ciudades, ríos, mares, bosques y montañas, y dedujimos que era la Tierra. Decidimos seguir avanzando, pero fuimos detenidos al encontrar a los que ellos llaman «cabalgabuitres». Los cabalgabuitres son hombres que cabalgan sobre buitres enormes, y utilizan dichas aves como caballos. Los buitres son enormes y suelen tener tres cabezas; puede inferirse su tamaño del hecho siguiente: cualquiera de sus plumas es mayor y más robusta que el mástil de un gran navío mercante. Dichos cabalgabuitres tienen como misión sobrevolar el país y conducir ante el rey a cualquier extranjero que encuentren; por ello, nos detuvieron y condujeron ante él. Éste, después de observarnos y deducirlo de nuestros vestidos, nos dijo: Vosotros sois griegos, ¿verdad, extranjeros?- preguntó- ¿Y cómo habéis llegado hasta aquí, tras atravesar un gran trecho por el aire? Nosotros le explicamos todo. Entonces comenzó él a contarnos su propia historia: era también un ser humano, llamado Endimión, que había sido raptado de nuestro país mientras dormía y una vez allí, llegó a ser rey del territorio. Decía que aquel país era la Luna que vemos desde abajo. Nos exhortó a confiar y no temer peligro alguno, ofreciéndonos cuanto necesitáramos.

(…) Entretanto, durante mi estancia en la Luna, observé muchas rarezas y curiosidades, que quiero relatar. En primer lugar, no nacen de mujeres, sino de hombres: se casan con hombres y ni siquiera conocen la palabra «mujer». Hasta los veinticinco años actúan como esposas y a partir de esa edad, como maridos. Y no quedan embarazados en el vientre, sino en la pantorrilla. A partir de la concepción, comienza a engordar la pierna; transcurrido el tiempo, dan un corte y extraen el feto muerto, pero lo exponen al viento con la boca abierta y le hacen vivir. A mi parecer, es de aquí de donde llegó hasta los griegos el término «pierna del vientre», porque allí se alberga el feto, en vez de en el vientre.

Pero voy a referirme a algo aún más sorprendente. Existe allí un linaje de hombres, los llamados "arbóreos", que nacen del modo siguiente. Cortan el testículo derecho de un hombre y lo plantan en la tierra; de él brota un corpulento árbol de carne, semejante a un falo: tiene ramas y hojas y su fruto son las bellotas, del tamaño de un codo; cuando están ya maduras, las recolectan y extraen de su interior a los hombres. Además, sus partes pudendas son artificiales. Algunos las tienen de marfil, pero los pobres las usan de madera y con ellas se unen y fecundan a su pareja.

Tras la vejez, el hombre no muere, sino que, como el humo, se disuelve y convierte en aire. Su alimento es para todos el mismo: encienden fuego y asan ranas sobre el rescoldo -pues las ranas son muy abundantes allí y vuelan-; una vez asadas, se sientan en círculo, como en torno a una mesa, aspiran el humo que asciende y se dan el festín. Así es su comida. La bebida consiste para ellos en aire exprimido en copa, destilando un líquido como el rocío. No orinan ni defecan, ni poseen siquiera el orificio anal en igual lugar que nosotros; ni tampoco los jóvenes ofrecen para el amor sus traseros, sino las corvas sobre la pantorrilla, pues en ese lugar tienen el orificio. Se considera hermoso en el lugar al hombre calvo y pelón; los melenudos, en cambio, son despreciados. A los cometas, por el contrario, los consideran hermosos por su cabellera: había allí algunos forasteros que nos hablaron de ellos. Otro detalle: tienen barbas, que crecen tímidamente sobre sus rodillas y carecen de uñas en los pies, pues todos son solípedos. Sobre las nalgas de cada uno crece una col de gran tamaño, a guisa de cola, siempre exuberante, sin ajarse cuando caen de espaldas. De sus narices fluye una miel muy agria y cuando trabajan o hacen ejercicio, sudan leche por todo su cuerpo, lo que les permite elaborar queso, extendiendo sobre éste una capa de miel. De las cebollas elaboran un aceite muy denso y aromático, como perfume. Tienen muchas vides productoras de agua, pues los granos de los racimos son como el granizo y, a mi parecer, cuando sopla viento y agita dichas vides, es cuando cae sobre nosotros el granizo, al desgranarse los racimos. Usan sus vientres como alforjas, colocando en ellos los objetos de uso corriente, pues pueden abrirlos y cerrarlos. No parecen encerrar intestinos en ellos: tan sólo una espesa cabellera interior, lo que les permite albergar a los recién nacidos cuando hace frío.

El vestido de los ricos es de vidrio maleable, y el de los pobres de hilado de bronce, pues abunda el bronce en aquellas regiones y lo trabajan reblandeciéndolo en agua, como la lana. En cuanto a las características de sus ojos, dudo en hablar de ello, por temor de que me juzguen mentiroso, dado lo increíble del relato. Ello no obstante, lo expondré. Tienen los ojos desmontables y quien lo desea puede quitárselos y guardarlos hasta que necesite ver; entonces se los coloca y ve. Muchos, al perder los propios, los piden prestados a otros y ven. Los ricos suelen tener muchos en reserva. Tienen por orejas hojas de plátano, excepto los hombres-bellota; únicamente ellos las tienen de madera. Vi también otra maravilla en el palacio real. Un enorme espejo está situado sobre un pozo no muy profundo. Quien desciende al pozo oye todo cuanto se dice entre nosotros, en la Tierra; y si mira al espejo ve todas las ciudades y todos los pueblos, como si se alzara sobre ellos. Yo vi a mi familia y a todo mi pueblo, pero no puedo decir con certeza si ellos también me vieron. Quien no crea que ello es así, si alguna vez va por allí en persona, sabrá que digo la verdad.

Llegado el momento, nos despedimos del rey y su corte y tras embarcar, zarpamos. A mí me regalaron dos túnicas de vidrio, cinco de bronce y un equipo de armas de altramuz.

*

Luciano de Samósata (Siria 125-181) fue un escritor sirio de expresión griega y uno de los primeros humoristas de la escritura y que inició relatos de ciencia ficción.

"Odio a los impostores, embusteros y soberbios y a toda la raza de malvados, que son innumerables. Pero conozco también a la perfección el arte contrario a éste, o sea, el que tiene por móvil el amor. Amo la belleza, la verdad, la sencillez y cuanto merece ser amado. Sin embargo, hacia muy pocos debo poner en práctica tal arte, mientras que debo ejercer para con muchos el opuesto".

Su postura es la de un escéptico integral y un antidogmático que únicamente se apoya en Epicuro y en los

Cínicos, seguidores del desprecio a cualquier forma de falsedad. Por detrás de su sátira hay un escepticismo absoluto.

"Me orientaré a la ficción, pero mucho más honradamente que mis predecesores, pues al menos mi obra está escrita como una lectura de entretenimiento y evasión donde desfilan personajes pintorescos en medio de escenarios fabulosos y remotos".

"Relatos verídicos" representa una burla dirigida a todos aquellos narradores de peripecias autobiográficas que al comenzar sus obras, insisten en la veracidad de sus relatos. Luciano asegura que son falsos todos los episodios que describe en sus obras.

LA ISLA DE LOS DICHOSOS   (Relatos verídicos) Luciano de Samósata)

Poco después dábamos vista a muchas islas. Cerca de nosotros, a babor, estaba Corcho, a la que aquéllos se dirigían, ciudad edificada sobre un gran corcho redondo: Lejos, y más a estribor, había cinco islas, muy grandes y elevadas, en las que ardían numerosas hogueras. Frente a proa había una, plana y baja, a una distancia no inferior a quinientos estadios. Ya estábamos cerca, y una brisa encantadora soplaba en nuestro entorno, dulce y fragante cual aquella que, al decir del historiador Heródoto, exhala la Arabia feliz. La dulzura que llegaba hasta nosotros era semejante a la de las rosas, narcisos, jacintos, azucenas y lirios, e incluso al mirto, el laurel y la flor de la vid.

Deleitados por el aroma y con buenas esperanzas tras nuestras largas penalidades, arribamos poco después junto a la isla. En ella divisábamos muchos puertos en todo su derredor, amplios y al abrigo de las olas, y ríos cristalinos que vertían suavemente en el mar, y también praderas, bosques y pájaros cantando unos desde el litoral y muchos desde las ramas. Una atmósfera suave y agradable de respirar se extendía por la región, y dulces brisas de soplo suave agitaban el bosque, de suerte que el movimiento de las ramas silbaba una música deleitosa e incesante, cual las tonadas de flautas pastoriles en la soledad. Al tiempo, percibías un rumor de voces confusas e incesantes, no perturbador, sino parecido al de una fiesta, en que unos tocan la flauta, otros cantan, y algunos marcan el compás de la flauta o la lira.

Cautivados por todo ello nos detuvimos y, tras anclar la nave, descendimos. Mientras avanzábamos a través de una pradera florida nos encontramos con los guardianes y patrullas, que nos ataron con coronas de rosas (ésta es en su país, la más fuerte ligadura) y nos condujeron ante el soberano; de ellos supimos durante el trayecto que la isla se llamaba «de los Dichosos», y gobernaba en ella el cretense Radamantis. Conducidos ya a su presencia, nos preguntó por qué motivo, habíamos penetrado en un recinto sagrado, y nosotros le contamos toda la historia en detalle; nos hizo salir, reflexionó largo rato y consultó con sus consejeros. Cuando formó un juicio, sentenció que de nuestra intromisión y vagabundeo rendiríamos cuentas después de muertos, más que al presente permaneciéramos en la isla por un tiempo determinado y que, tras convivir con los héroes, nos marcháramos. Establecieron como plazo de nuestra estancia no más de siete meses. A partir de aquel instante se desprendieron por sí solas nuestras coronas, con lo que quedamos en libertad y fuimos introducidos en la ciudad y en el festín de los Dichosos.

La ciudad propiamente dicha es toda de oro y el muro que la circunda de esmeralda. Hay siete puertas, todas de una sola pieza de madera de cinamomo. Los cimientos de la ciudad y el suelo de intramuros son de marfil. Hay templos de todos los dioses, edificados con berilo, y enormes altares en ellos, de una sola piedra de amatista, sobre los cuales realizan sus hecatombes. En torno a la ciudad corre un río de la mirra más excelente, de cien codos de ancho y cinco de profundidad, de suerte que puede nadarse en él cómodamente. Por baños tienen grandes casas de cristal, caldeadas con brasas de cinamomo; en vez de agua hay rocío caliente en las bañeras. Por traje usan tejidos de araña, suaves y purpúreos: en realidad, no tienen cuerpos, sino que son intangibles y carentes de carne y sólo muestran forma y aspecto. Pese a carecer de cuerpo, tienen sin embargo, consistencia, se mueven, piensan y hablan: en una palabra, parece que sus almas desnudas vagan envueltas en la semejanza de sus cuerpos; por eso, de no tocarlos, nadie afirmaría no ser un cuerpo lo que ve, pues son cual sombras erguidas. Nadie envejece, sino que permanece en la edad en que llega. Además, no existe la noche entre ellos, ni tampoco el día muy brillante: como la penumbra que precede a la aurora cuando aún no ha salido el sol, así es la luz que se extiende sobre el país. Asimismo, sólo conocen una estación del año, ya que siempre es primavera y un único viento sopla allí, el céfiro. El país posee todas las especies de flores y plantas cultivadas y silvestres. Las vides dan doce cosechas al año y vendimian cada mes; en cuanto a los granados, manzanos y otros árboles frutales, decían que producían trece cosechas, ya que durante un mes (el "minoico" de su calendario) proporciona frutos dos veces. En vez de granos de trigo, las espigas producen pan apto para el consumo inmediato, como setas. En los alrededores de la ciudad hay trescientas sesenta y cinco fuentes de agua y otras tantas de miel, quinientas de mirra, si bien éstas son más pequeñas, siete ríos de leche y ocho de vino. El festín lo celebran fuera de la ciudad, en la llanura llamada Elisio, un prado bellísimo, rodeado de un espeso bosque de variadas especies, que brinda su sombra a quienes en él se recuestan. Sus lechos están formados de flores, y les sirven y asisten en todo los vientos, excepto en escanciar vino: ello no es necesario, ya que hay en torno a las mesas grandes árboles del más transparente cristal, cuyo fruto son copas de todas las formas y dimensiones; cuando uno llega al festín, arranca una o dos copas y las pone a su lado, y éstas se llenan al punto de vino. Así beben y en vez de coronas, los ruiseñores y demás pájaros recogen en sus picos flores de los prados vecinos, que expanden cual una nevada sobre ellos mientras revolotean cantando. Y éste es su modo de perfumarse: espesas nubes extraen mirra de las fuentes y el río, se posan sobre el festín bajo una suave presión de los vientos, y desprenden lluvia suave como rocío.

Durante la comida se deleitan con poesía y cantos. Suelen cantar los versos épicos de Homero, que asiste en persona y se suma con ellos a la fiesta, reclinado en lugar superior al de Ulises. Cuando cesan de cantar, aparece un segundo coro de cisnes, golondrinas y ruiseñores, y cuando canta todo el bosque lo acompaña, dirigido por los vientos. Pero el mayor goce lo obtienen de las dos fuentes que hay junto a las mesas, la de la risa y la del placer. De ambas beben todos al comienzo de la fiesta, y a partir de ese momento permanecen gozosos y risueños.

(...) Quiero hablar ahora de los hombres famosos que allí vi. Epicuro ocupaban allí un lugar privilegiado, por ser dulces y agradables y resultar los mejores compañeros de festín. Estaba también Esopo el frigio, al que emplean como bufón; en cuanto a Diógenes de Sinope, por efecto de la bebida, bailaba puesto en pie y gastaba bromas de borracho. No había allí ningún estoico, pues dicen que ya habían ascendido a la escarpada colina de la virtud.

(...) En cuanto a la práctica del amor, mantienen el criterio de unirse abiertamente a la vista de todos, tanto con mujeres como con hombres, y en modo alguno ello les parece vergonzoso. Tan sólo Sócrates se deshacía en juramentos, asegurando que sus relaciones con los jóvenes eran puras, más todos le acusaban de perjurio, ya que con frecuencia el propio Jacinto o Narciso habían confesado, mientras él lo negaba. Las mujeres son todas de la comunidad y nadie siente celos de su vecino. En cuanto a los jóvenes, se ofrecen a quienes los solicitan sin oponer resistencia.

EN LOS TIEMPOS DE JAUJA

Otros visitantes más o menos ilustres, buscando un lugar idílico también visitaron las antípodas y no pudieron reprimir sus ansias de opinar sobre las experiencias vividas. Jakob y Wilhelm Grimm, hermanos y escritores en imaginación, relataron un cuento describiendo cierta naturaleza al revés:

En los tiempos de Jauja iba yo andando y vi que en un pequeño hilo de seda estaban colgadas Roma y Letrán y un hombre cojo, con un caballo rápido y una espada afilada atravesaba un puente. Vi también a un joven asno con una nariz de plata, que iba persiguiendo a dos liebres veloces y un tilo muy ancho en el que crecían tortas calientes. Luego vi una cabra vieja y flaca que llevaba encima cien carretadas de manteca y sesenta de sal. ¿No son ya suficientes mentiras? Luego vi arar un arado sin caballo no bueyes y un niño de un año que lanzaba cuatro piedras de molino desde Ratisbona hasta Tréveris y desde Tréveris hasta Estrasburgo y un azor nadando en el Rin con mucha desenvoltura. Luego oí que los peces empezaban a hacer tal ruido que llegó hasta el cielo, mientras una miel dulce fluía desde el valle profundo hasta un elevado monte: son extrañas historias. También había dos cornejas segando una pradera y vi dos moscas construyendo un puente, dos palomas despedazando a un lobo y dos niños lanzando dos cabritas, mientras dos ranas trillaban trigo una contra otra. Luego vi dos ratones entronizar a un obispo y dos gatos rascándole la lengua a un oso. Vi corriendo un caracol mientras se engullía dos leones salvajes. Había allí un barbero que afeitaba la barba a una mujer y dos niños de pecho intentaban callar a sus madres. Mientras, dos galgos traían un molino de agua y una vieja desolladora decía que estaba bien hecho. Y en la corte había cuatro caballeros que trillaban el grano con todas sus fuerzas y dos cabras calentaban una estufa mientras una vaca roja metía el pan en el horno. Entonces gritó un gallo: ¡Quiquiriquí... el cuento se acabó aquí!

Puede que las antípodas sea el deseado y manoseado País de la Cucaña.

EN EL PAÍS DE CUCAÑA
Li Fabliaus de Coquaigne (Siglo XIII)

En cierta ocasión fui a ver al Papa de Roma y pedirle la absolución de mis pecados y él me envió a hacer penitencia a un país donde vi muchas cosas maravillosas: escuchad cómo vive la gente que habita esta región.

Creo que Dios y todos los santos los bendijeron y consagraron más que a cualquier otro lugar. El país se llama Cucaña, donde más se duerme más se gana. De lubinas, salmones y arenques están hechas las paredes de las casas; las vigas son de esturiones, los techos de tocino y las tablas del suelo, de salchichas. El lugar tiene mucho atractivo porque de carne asada y espalda del cordero están rodeados los campos de trigo; por las calles se doran gruesas ocas que giran sobre sí mismas y os digo que por todas partes, por caminos y calzadas, hay mesas con manteles blancos y cualquiera puede comer y beber libremente, sin impedimento ni oposición toman todos lo que desean, pescado o carne, y quien quisiera llevarse un carro podría hacerlo según su deseo; carne de ciervo o de pájaros hay quien lo prefiere asado y quien hervido, sin pagar ninguna factura y sin echar las cuentas de lo que se ha comido según la costumbre de Cucaña. Y es sacrosanta verdad que en aquella bendita región corre un río de vino. La gente no es allí cobarde, sino valiente y amable. Un mes tiene seis semanas y hay cuatro Pascuas al año y cuatro fiestas de San Juan y cuatro vendimias, todos los días son fiesta o domingo, cuatro Todos los Santos y cuatro Navidades y cuatro Candelarias y cuatro Carnavales con sólo una Cuaresma cada veinte años. Y es tan placentero ayunar, que todos lo hacen de buen grado desde la mañana hasta la hora nona comen lo que Dios manda, carne o pescado u otra cosa que prohibir nadie se atreve. No creáis que diga como en broma, que de alto o bajo linaje no hay persona que tenga que penar para ganarse la vida: tres veces por semana llueven flanes calientes y esa lluvia cae tanto sobre pilosos como sobre calvos, lo sé de cierto, y todos los cogen a placer. El país es tan rico que en cada esquina hay bolsas repletas de dinero, maravedíes y bezantes que pueden todos cogerlos para nada, porque nadie compra ni vende nada puesto que tienen de todo. La mujeres son bellísimas, damas y damiselas las toman quien lo desea, sin que nadie se lo tome a mal y el placer se colma como se quiere y con quien se elige; y no por eso las mujeres son censuradas sino más bien honradas por ello y si una mujer pone los ojos en un hombre que desea puede tomarlo públicamente y hacer de él lo que quiera. (…)

Hay aún otra maravilla de la que nunca oíste nada igual y es la fuente de la eterna juventud que hace rejuvenecer a la gente y ya os lo he dicho todo.

EL RETORNO

Abandonemos los viajes imaginados y volvamos:

Vivimos un momento cuya duración es milenaria, donde el pecado es virtud y la virtud pecado. Los decentes acaban presos y el delincuente absuelto. Los pobres se escaquean, los asalariados pagan impuestos y los ricos defraudan. El que trabaja se arruina y el que piensa es subversivo. Cuanto más falso es el discurso, más adictos tienen. Nunca gana la abstención pese a ser mayoritaria. Si malgastas presupuestos públicos, ascenderás en escaños. La inteligencia es obscena y el pacífico violento. Cualquier demócrata es considerado golpista o marañero obsesivo. La corruptela vestida de discreción, es admirada. La subvención sistemática, convierte al ciudadano en adicto compulsivo. Llegamos a la conclusión que si caminas fuera de ruta, retrocedes.

El ser humano masificado, cretinizado en serie por un trabajo repetitivo, embrutecido por el consumo y lobotomizado por lo virtual no se da cuenta de su grado de estupidez. Se ríe, compra y consume más. Todos nacimos ignorantes pero hemos tenido de trabajar duro para llegar a ser tan estúpidos.

*Un bombero antípoda buscando ideas,
ha conseguido salir a nuestro mundo. ¡Bienvenido!*

Había nacido para vagabundear entre sueños y fantasías. Muy pronto aprendió a dialogar con la hierba y a maravillarse con el paso de las caravanas de nubes, serenas y suaves que cruzaban el espacio infinito lleno de azul. Aceptó obligaciones pero solamente las que más le gustaban. Obligarse no es encadenarse y consideró únicamente razonable, aquello que era compatible con su rebelde energía vital. Sólo era capaz de vivir en libertad. Pero su planeta giraba y giraba sin contar con él. De desesperanza en desesperanza, entre desilusión y desengaños consiguieron que sus convicciones se tambaleasen. Era como una lenta y persistente disolución del mundo que ingenuamente había deseado. Su entorno se había vuelto turbio y oscuro, incómodo y perverso. Todo lo que creía resultaba más allá de lo conveniente y posible. Todo lo que deseaba parecía inalcanzable. Reconocía cierto bienestar y que la dinámica de la vida no le trataba mal, pero para él no era suficiente. Era casi nada. Había aprendido que en la limitación reside cierta plenitud, pero necesitaba un espacio menos angosto y agresivo para desarrollar sus deseos. Buscó alternativas, corrigió trayectorias, descubrió nuevos caminos secundarios pero únicamente consiguió deambular todavía un tiempo por el mundo y cayó luego víctima de una nausea incurable.

Incluso las cordilleras, llanuras, ríos y océanos de las antípodas ¿son un engaño conceptual? Solamente el lenguaje hace de nosotros, seres humanos. Con el lenguaje podemos crear un mundo simbólico compuesto de significaciones y plantear situaciones que no pueden existir en el mundo real. En las antípodas no existen maravillas e incluso desconfiamos de la existencia de tal lugar. Quien es incapaz de expresarse, su propio interior le resulta muy oscuro. Solamente existen antipodistas condenados a soportar la incomodidad de una visión al revés.

*

Obras del mismo autor   (Editorial bubok)
www.bubok.es

Companyia okupa (narrativa)
Pentimento, aforismes i pensaments d'un apòstata
Núvols de naftalina (narrativa)
El manto de la nada (narrativa visual)
Personatges perifèrics (narrativa)
Josep Valls, fabricant d'il·lusions (biografia)
Cinegrafía desde la butaca (cine)
Amic Amok   (memòries)
Los sueños y visiones nocturnas (historia de una colección)
El futuro que ha sido   (una mirada al arte)
La pols d'una mirada (narrativa)
Espais per una gota de llum (història)
Apostasia prostàtica (nous aforismes)
Gestos al infinito   (historia y biografías)
Viceversa, paisajes con figuras   (cuentos)
Viceversa, paisatge amb figures (versió catalana)
El fru-fru de l'entrecuix   (narrativa eròtica)
La utilitat de l'inútil (disgregacions especulatives)
L'home mediocre i el ramat parlamentari
(sobre la política)